essentials

essentials liefern aktuelles Wissen in konzentrierter Form. Die Essenz dessen, worauf es als „State-of-the-Art" in der gegenwärtigen Fachdiskussion oder in der Praxis ankommt. *essentials* informieren schnell, unkompliziert und verständlich

- als Einführung in ein aktuelles Thema aus Ihrem Fachgebiet
- als Einstieg in ein für Sie noch unbekanntes Themenfeld
- als Einblick, um zum Thema mitreden zu können

Die Bücher in elektronischer und gedruckter Form bringen das Expertenwissen von Springer-Fachautoren kompakt zur Darstellung. Sie sind besonders für die Nutzung als eBook auf Tablet-PCs, eBook-Readern und Smartphones geeignet. *essentials:* Wissensbausteine aus den Wirtschafts-, Sozial- und Geisteswissenschaften, aus Technik und Naturwissenschaften sowie aus Medizin, Psychologie und Gesundheitsberufen. Von renommierten Autoren aller Springer-Verlagsmarken.

Weitere Bände in der Reihe http://www.springer.com/series/13088

Sascha Maier · Sandra Aengenheyster

Geschäftsrisiko Cyber-Security

Leitfaden zur Etablierung eines
resilienten Sicherheits-Ökosystems

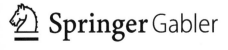

Sascha Maier
Head of IT & CyberResilience
IWC Schaffhausen
Schaffhausen, Schweiz

Sandra Aengenheyster
Corporate Change & Communication
Frankfurt, Deutschland

ISSN 2197-6708   ISSN 2197-6716   (electronic)
essentials
ISBN 978-3-658-32045-4   ISBN 978-3-658-32046-1   (eBook)
https://doi.org/10.1007/978-3-658-32046-1

Die Deutsche Nationalbibliothek verzeichnet diese Publikation in der Deutschen Nationalbibliografie; detaillierte bibliografische Daten sind im Internet über http://dnb.d-nb.de abrufbar.

Planung/Lektorat: Susanne Kramer
Springer Gabler ist ein Imprint der eingetragenen Gesellschaft Springer Fachmedien Wiesbaden GmbH und ist ein Teil von Springer Nature.
Die Anschrift der Gesellschaft ist: Abraham-Lincoln-Str. 46, 65189 Wiesbaden, Germany

Was Sie in diesem *essential* finden können

- Einen Leitfaden, der Sie in fünf Schritten zu Ihrem maßgeschneiderten Sicherheits-Ökosystem führt
- Tipps aus der Praxis für die richtige Verankerung von Cyber-Security in Ihrem Unternehmen
- Grundlagenwissen für das Verständnis der potenziellen Bedrohungen der Cyber-Security und ihre Auswirkungen
- Grundlegendes Rüstzeug für Nicht-ITler, um mit der IT auf Augenhöhe zu reden
- Grundlegende Informationen und Praxistipps, wie Sie durch Verstärkung der Resilienz Ihre Organisation flexibler und widerstandsfähiger machen können

Vorwort

Die letzten Monate haben es erneut ans Licht gebracht und die Statistiken sowie düsteren Prognosen für die digitale Zukunft bestätigen: die Anzahl, aber auch die Vielfalt von Kriminaldelikten, die im Zusammenhang mit Technologie und Internet stehen, nehmen stetig zu [1].

Ein Arbeitspapier des Studiengangs Sicherheitsmanagement NBS Northern Business School Hamburg prognostiziert infolge der Corona-Pandemie gar nach der gesundheitlichen und ökonomischen die Gefahr einer „dritten Krise", ausgelöst durch kriminelle Aktivitäten, die sich die neuen, in Teilen noch unbekannten Rahmenbedingungen zunutze machen [2].

Es ist sicherlich kaum zu erwarten, dass sich das Kriminalitätsgeschehen in den nächsten Monaten oder Jahren wieder „normalisiert". Vielmehr ist mit einem weiteren Anstieg der Angriffe und der Kreativität von Cyberkriminellen zu rechnen. In der Welt „nach der Pandemie" werden sich Behörden und Unternehmen den Digitalisierungsfeldern widmen [3], die zuvor vernachlässigt und – zum Teil nur behelfsmäßig – in Gang gebracht worden waren [4]. Nun gilt es erst recht, die Risiken im eigenen Unternehmen aufzuspüren, transparent zu machen und zu minimieren. Zu diesen Risiken gehört einerseits der Fluss ein- und ausgehender Informationen, Produkte und Daten. Cyberkriminelle zielen zum anderen weiterhin vor allem auf die schwächste Stelle in der Abwehr und finden in Beschäftigten oft sogar – wissentlich oder unwissentlich – Mithelfer[1].

---

[1]Im Sinne der Kürze und besseren Lesbarkeit wird in diesem Buch die männliche Ansprache und Benennung verwendet, auch wenn stets alle Geschlechter gleichermaßen gemeint sind.

Mitarbeiterinnen und Mitarbeiter müssen im Rahmen gezielter Programme sowie auch dauerhafter Aktivitäten, sensibilisiert und verpflichtet werden. Denn die so genannten „Innentäter", immerhin fast 50 % der Verursacher von Schäden durch Cyberkriminalität [5], die dem eigenen Unternehmen Schaden zufügen, verfügen über internes Wissen und sollten den Wert und die Relevanz schützenswerter Informationen kennen.

Mündige Nutzer sind bessere Nutzer. Je näher an der Lebensrealität der Mitarbeiter, je relevanter und persönlicher die ausgesendeten Botschaften sind, umso nachvollziehbarer sind Awareness-Maßnahmen für jeden Einzelnen und für jede Zielgruppe.

Für eine widerstands- und anpassungsfähige, also resiliente Organisation bedarf es langfristig weit mehr als einer Kampagne und den frommen Wunsch, dass keine Krise eintritt. Denn genau das kann ein Vorfall in der Informationssicherheit sein: eine Krise, eine echte Ausnahmesituation, deren Folgen, Verlauf und Dauer nicht absehbar ist. In einem solchen Fall muss jeder wissen, wo sein Platz ist. Es gilt, bereits vor dem „Ernstfall" eine Handlungsfähigkeit im Unternehmen zu etablieren, die Mitarbeiter in die Lage versetzt, ihre Fähigkeiten und Fertigkeiten in neue und innovative Lösungen einzubringen. Unsere Welt verändert sich stetig, man spricht auch von der „VUCA-Welt". Nach dieser Definition beziehen sich die sich ändernden Rahmenbedingungen auf die Bereiche Volatilität (englisch = volatility), Unsicherheit (uncertainty), Komplexität (complexity) und Ambiguität (ambiguity). Den sich stetig verändernden Bedrohungen kann dann besser begegnet werden, je höher die Aufmerksamkeit und der Wissensstand einer Organisation ist.[2] Darüber hinaus ist ein trainiertes und eingespieltes Team ein wesentlicher Beitrag zum Erfolg im Rahmen etablierten Business Continuity Managements, das zum Ziel hat, Ausfälle der geregelten, ungestörten Geschäftstätigkeit zeitlich und in ihrem Ausmaß auf ein Minimum zu beschränken [6].

Das Thema Cyber-Security ist komplex, technologisch und unterliegt rasanter Veränderung. Für Geschäftsführer von kleinen und mittelständischen Unternehmen ist die Absicherung ihres Unternehmens überlebenswichtig. Die Hürde für die Einführung der richtigen und relevanten Maßnahmen ist jedoch für Nicht-Technologen hoch. Das Essential fokussiert daher darauf, das Bedrohungspotenzial und den Aufbau eines angemessenen Abwehrsystems verständlich und

---

[2]https://www.vuca-welt.de/woher-kommt-vuca-2/. Zugegriffen: 23.07.2020.

in Kürze darzustellen. Sie sollten der Herausforderung nicht mit oberflächlichen und kurzfristigen Aktivitäten begegnen, sondern mit Augenmaß und somit Schritt für Schritt selbstständig das eigene Unternehmen widerstandsfähiger machen. Wir freuen uns über regen Austausch und Feedback zu diesem spannenden Thema.

Sascha Maier
Sandra Aengenheyster

Literatur

1. Bundesministerium des Innern, für Bau und Heimat (Hrsg.) (2020): Polizeiliche Kriminalstatistik 2019. Berlin. https://www.bmi.bund.de/SharedDocs/downloads/DE/publikationen/themen/sicherheit/pks-2019.pdf?__blob=publicationFile&v=10. Zugegriffen: 23.07.2020. S. 10; S. 20.
2. Röhl, A., Zerbin, D. (2020): Wirtschaftskriminalität im Schatten der Pandemie – Unternehmen und die Gefahr einer dritten Krise. Working Paper des Studiengangs Sicherheitsmanagement an der NBS Northern Business School Hamburg, Nr. 2/2020. Hamburg. https://www.econstor.eu/handle/10419/215862. Zugegriffen: 23.07.2020.
3. Bitkom Bundesverband Informationswirtschaft, Telekommunikation und Neue Medien e.V. (Hrsg.) (2020): Stellungnahme Corona: Schaden begrenzen, digitale Lösungen nutzen. Berlin. https://www.bitkom.org/sites/default/files/2020-03/200320_corona_schaden-begrenzen-digitale-losungen-nutzen.pdf. Zugegriffen: 23.07.2020.
4. Matthes, S. (2020): Corona legt Deutschlands digitale Defizite schonungslos offen. Handelsblatt. https://www.handelsblatt.com/meinung/kommentare/kommentar-corona-legt-deutschlands-digitale-defizite-schonungslos-offen/25725782.html?tic%E2%80%A6=. Zugegriffen: 23.07.2020.
5. Bollhöfer, E., Jäger, A. (2018): Wirtschaftsspionage und Konkurrenzausspähung. Vorfälle und Prävention bei KMU im Zeitalter der Digitalisierung. In: Albrecht, H.-J., Sieber, U. (Hrsg.): Schriftenreihe des Max-Planck-Instituts für ausländisches und internationales Strafrecht. Reihe A: Arbeitsberichte, Bd. A 8. https://wiskos.de/files/pdf4/M3_Komplett_Online_neu_doi.pdf. Zugegriffen: 23.07.2020. S. 5.
6. Kersten, H., Klett, G. (2017): Business Continuity und IT-Notfallmanagement. Grundlagen, Methoden und Konzepte. Springer Vieweg, Wiesbaden, S. VI.

Inhaltsverzeichnis

1 Cyber-Security und Resilienz verstehen 1
    1.1   Wie alles begann 4
    1.2   Wo stehen wir heute? 5
    1.3   Welche Arten von Bedrohungen gibt es? 6
    1.4   Was ist die Motivation von Hackern? 10
    Literatur 12

2 Ihr maßgeschneidertes Sicherheits-Ökosystem 15
    2.1   Ziele definieren und anpeilen 21
    2.2   Maturität und Delta erheben (Readiness) 24
    2.3   Lösungen und Fahrplan ableiten 27
    2.4   Maßnahmen umsetzen und Prozesse verankern 30
    2.5   Ergebnisse überwachen und optimieren 37
    Literatur 38

3 Zusammenfassung und Ausblick 41

Literaturverzeichnis/„Zum Weiterlesen" 49

Einleitung

Nicht erst seit Corona warnen Beobachter und Behörden vor einem zu erwartenden rasanten Anstieg von Cyberkriminalität im privaten sowie beruflichen Umfeld. Die Digitalisierung von Geschäftsmodellen, intensivere Vernetzung von Prozessen, Produkten und Geräten (Internet of Things) und die zuletzt stärkere Nutzung von Netzwerken und Geräten im Homeoffice sind die Treiber im Kampf für mehr IT-Sicherheit.

Der Schutz vor Angriffen von außen ist im Rahmen der Cyber-Security eine stetig wachsende Herausforderung. Um diese Herausforderung zu bewältigen, bedarf es einer gemeinsamen Anstrengung im Team. Das gesamte Unternehmen ist aufgefordert wachsam zu sein, neuen Bedrohungen gegenüber aufmerksam zu bleiben und sich im existenziellen Kampf in der neuen, sich stetig wandelnden Disziplin zu üben. Letztlich ist die Sicherstellung von Informationssicherheit eine Führungsaufgabe. Sie dient der Sicherheit aller Interessensgruppen eines Unternehmens: Kunden, Mitarbeiter, Unternehmensleitung und ggf. Anteilseigner.

Die Bedrohungslage ist real. Die Frage ist schon lange nicht mehr, ob Ihr Unternehmen von einem Cyberangriff betroffen sein wird, sondern wann. Der nächste Angriff kann existenzvernichtend sein. Daher reicht es nicht aus, sich lediglich auf eine eingekaufte Antivirensoftware, die simple Errichtung einer Firewall oder eine halbherzige, kurzfristig durchgeführte Awareness-Kampagne zu verlassen. Es gilt vielmehr, eine resiliente Organisation aufzubauen, die im Falle einer Krise Handlungsspielräume erarbeitet und gemeinsam das Unternehmen stabilisiert.

Dieses Buch wendet sich insbesondere an Geschäftsführer von kleinen und mittelständischen Unternehmen. Für kleine und mittelständische Unternehmen ist der Aufbau einer wirksamen und nachhaltigen Cyber-Security mit hohem Aufwand verbunden. Lohnt sich dieser Aufwand? Welche Maßnahmen kann und soll man ergreifen? Um den richtigen Fahrplan zu erstellen und umsetzen zu können, klärt das Buch auf und schafft ein grundsätzliches Verständnis der potenziellen Bedrohungen der Cyber-Security und ihre Auswirkungen.

Die wesentlichen Elemente für ein resilientes Sicherheits-Ökosystem in Ihrem Unternehmen ist es durchaus, zunächst eine stabile technische Grundbasis im Unternehmen zu schaffen: die Nutzung starker Passworte, regelmäßige Installation von Softwareupdates, Einsatz von Virenschutz etc.

Komplementär dazu sind aber ebenso die Sensibilisierung Ihrer Mitarbeiter, Awareness, nachhaltige Kommunikation und der Aufbau einer ganzheitlich widerstands- und anpassungsfähigen Organisation wichtig. Denn der „Faktor Mensch" ist der größte Risikofaktor. Cyberkriminelle zielen vor allem auf die schwächste Stelle in der Abwehr und finden in Mitarbeitern oft sogar – wissentlich oder unwissentlich – Mithelfer. Mitarbeiterinnen und Mitarbeiter müssen im Rahmen gezielter Programme, aber auch dauerhafter Aktivitäten, sensibilisiert und ermächtigt werden. Schaffen Sie eine echte Security-Kultur, die Ihre Mitarbeiter motiviert, sich am Schutz des Unternehmens zu beteiligen und die auch einmal Fehler erlaubt, um als Organisation zu lernen.

Mit diesem Buch führen wir Sie Schritt für Schritt zu Ihrem maßgeschneiderten Sicherheits-Ökosystem. Sie erhalten einen praktischen Leitfaden für die richtige Verankerung von Cyber-Security in Ihrem Unternehmen.

Cyber-Security und Resilienz verstehen

1

Zunächst ein paar einführende Worte zu den verschiedenen, miteinander gelegentlich konkurrierenden Begrifflichkeiten: Informationssicherheit oder „Information Security" bzw. „IT-Security" und „Cyber-Security" [1, 2]. Wir wollen an dieser Stelle nicht tiefer in eine semantische Diskussion einsteigen. In den meisten vorherrschenden Diskussionen wird Cyber-Security als Teilaspekt der übergreifenden Informationssicherheit definiert.

In diesem Buch möchten wir jedoch verstärkt fokussieren auf die Einbettung der technologischen Aspekte in die allgemeine, uns als Menschen umgebende Welt. Wir wählen daher den Begriff „Cyber", um sowohl die Verknüpfung von Technologie mit der realen, physischen Welt zu betonen als auch die Interaktion der miteinander verknüpften Elemente zu betrachten. Dazu gehören (technische) Infrastruktur, diverse Kommunikationsmittel, physische Geräte, aber auch virtuelle Umgebungen [3] und nicht zuletzt, sondern zuerst der Mensch, der all diese Technologie nutzt. Daher ist eine organisatorische Verankerung aller Maßnahmen für ein nachhaltiges und resilientes Sicherheitsbollwerk ungemein wichtig. Dabei spielt es übrigens keine Rolle, ob Sie Ihre IT innerhalb des eigenen Unternehmens betreiben oder an einen externen Dienstleister vergeben haben. Die Hoheit über die Sicherheit Ihres Unternehmens liegt immer im Unternehmen selbst und sollte in der Organisation sichtbar sein.[1]

---

[1]„Es ist mindestens eine Person zum ISB (Informationssicherheitsbeauftragter. Anm. der Autoren) zu ernennen, die den Informationssicherheitsprozess koordiniert und steuert.", empfiehlt das Bundesamt für Sicherheit in der Informationstechnik in seinem „Leitfaden zur Basis-Absicherung nach IT-Grundschutz".

© Der/die Autor(en), exklusiv lizenziert durch Springer Fachmedien Wiesbaden GmbH, ein Teil von Springer Nature 2020
S. Maier und S. Aengenheyster, *Geschäftsrisiko Cyber-Security,* essentials,
https://doi.org/10.1007/978-3-658-32046-1_1

Cyber-Security sollte heute auf der Agenda eines jeden Geschäftsführers und Managers stehen. Denn obwohl größere Unternehmen häufiger als kleine Cyber-Sicherheitsvorfälle zu verzeichnen haben (43 % in Unternehmen mit mehr als 250 Mitarbeiter), gibt immerhin mehr als jedes fünfte Unternehmen in Deutschland mit weniger als 250 Mitarbeitern an, einmal betroffen gewesen zu sein [4]. Die anzunehmende Dunkelziffer ist aus den verschiedensten Gründen enorm hoch und die Nicht-Anzeige von Vorfällen reicht von Unwissen über ein Ereignis über die Angst vor Imageverlust bis hin zu der Befürchtung eines hohen Folge-aufwandes bei Nachverfolgung der Straftat [5].

Warum sollten Sie sich als Geschäftsführer oder Manager eines kleinen oder mittelständischen Unternehmens mit dem Thema Cyber-Security beschäftigen?
Aktuellen Studien zufolge gibt es im Segment der kleinen und mittelständischen Unternehmen (KMU) einen hohen Anteil von Unternehmen, die ihre IT aus-gelagert haben und keine eigenen Mitarbeiter im Bereich IT beschäftigen. Diese Unternehmen beauftragen auch zu einem enorm hohen Anteil Dienstleister mit der Betreuung ihrer IT-Security [6]. Diese Fakten sprechen dafür, dass das Wissen und die Entscheidungsfähigkeit zum Thema Cyber-Security ebenfalls nicht im eigenen Unternehmen vorhanden sind. Aus diesem Grund ist mit einer sehr hohen Wahrscheinlichkeit die Kommunikationskluft zwischen Entscheidungsträgern und (eigenen oder ausgelagerten) technischen Experten sehr hoch. Dies kann zu dramatischen Versäumnissen und Fehlentscheidungen bei der Einführung von Abwehrmechanismen führen. Es ist daher essentiell, dass Wissen auf Management-ebene vorhanden ist, um das Business effektiv zu schützen. Wir möchten Sie mit diesem Buch sensibilisieren, das Thema Cyber-Security sehr ernst zu nehmen, Ihnen aber zugleich einen praktischen Leitfaden an die Hand geben, Ihr Unter-nehmen entsprechend Ihren individuellen Bedürfnissen resilienter zu machen.

Cyber-Resilienz und resiliente Organisationen – Der Blick über den Teller-rand
Resilienz [7] im eigentlichen Wortsinne bezeichnet die „(psychische) Robustheit", „Widerstandsfähigkeit" oder „Zähigkeit" widrigen Umständen zu begegnen. Aus diesem Verständnis hat sich der Begriff „Cyber-Resilienz" entwickelt. Dessen Ziel es ist, die IT eines Unternehmens gegen Angriffe insgesamt robuster zu machen und vor allem den Weiterbetrieb bzw. die möglichst Wiederaufnahme des Betriebs (Business Continuity) [8] nach einem Cyberangriff zu ermöglichen [9]. Wir möchten hier ganz bewusst den Fokus aus der IT heraus erweitern und einen Blick werfen auf die Cyber-Sicherheit Ihres Unternehmens aus Managementperspektive.

Was ist eine resiliente Organisation und warum ist sie wichtig für ein wirksames Cybersicherheits-Ökosystem?

„Gemeinsam sind wir stark!" So lässt sich am besten zusammenfassen, worin das Geheimnis von Resilienz einer Gruppe von Menschen, z. B. eines Unternehmens, besteht [10].

Die wesentlichen Elemente für ein resilientes Sicherheits-Ökosystem in Ihrem Unternehmen sind ein Dreiklang aus Technologie, Organisation und Kommunikation bzw. Change Management. Eine wertschätzende, fördernde Kultur mit hoher Identifikation erzeugt Loyalität [11], die im Ernstfall wichtig ist und das „Wir"-Gefühl schafft, mit dem die Verteidigung gegen Cyberbedrohungen gelingen kann.

Beispiel Social Engineering

Bei dieser Methode recherchieren die Angreifer zunächst Hintergrundinformationen über ihre potenziellen Opfer[2] , um sie anschließend gezielt „sozial manipulieren" und für ihre eigenen Zwecke instrumentalisieren zu können. Stellen Sie sich ein sehr einfaches Beispiel vor, in dem es die Absicht eines Kriminellen ist, den Namen eines bestimmten Mitarbeiters in der Buchhaltung herauszufinden. Er will diese Information später nutzen, um eine (gefälschte) Zahlungsanweisung im Auftrag der Geschäftsführung per E-Mail zu platzieren (siehe CEO-Fraud in Abschn. 1.3. Welche Arten von Bedrohungen gibt es?). Über verschiedene Umwege konnte er den konkreten Namen einer Mitarbeiterin herausfinden, lässt sich über die Telefonzentrale mit ihr verbinden und bittet um den richtigen Ansprechpartner in der Buchhaltung. Vorwand: er sei ein Kunde, dessen Rechnung fehlerhaft ist und wolle diesen Fall mit dem zuständigen Sachbearbeiter klären. Ihre Mitarbeiterin bittet den Anrufer daraufhin, doch bitte den auf der Rechnung vermerkten Ansprechpartner direkt, am besten über die E-Mail zu kontaktieren.

In diesem Fall waren Ihre Bemühungen zur Errichtung des resilienten Sicherheits-Ökosystems erfolgreich. Die Menschen in Ihrem Unternehmen haben verstanden, dass interne Informationen, auch auf scheinbar berechtigte Anfragen hin, nicht an Außenstehende herausgegeben werden sollten, wenn nicht sicher ist, ob dafür eine Legitimation besteht. Ihre Mitarbeiterin hat

---

[2]Beispiel: Über Linkedin, Facebook und andere Plattformen lassen sich sehr einfach alle Mitarbeiter einer Firma finden. Linkedin bietet diese Funktion für Recruiter in der Premium Version.

Verantwortung übernommen und hatte die Sicherheit, dass ihr Handeln regelkonform ist, denn die entsprechende Anweisung war ihr bekannt. Sie hat die Herausgabe des Namens verweigert und höflich einen autorisierten Kommunikationsweg aufgezeigt. ◀

Bei aller sich rasant verändernden Bedrohung und Unsicherheit [12]: Auch als Unternehmer oder Manager eines kleinen oder mittelständischen Unternehmens müssen Sie sich mit der Cyberbedrohung zwar auseinandersetzen. Sie sind aber nicht alleine. Beteiligen Sie doch gezielt Kunden und Dienstleister an Ihren Bemühungen (siehe Abschn. 2.4. Maßnahmen umsetzen und Prozesse verankern) oder suchen Sie aktiv den Austausch mit anderen. Eine Allianz mit anderen Unternehmen für mehr Sicherheit und gegen Cyberkriminalität bietet z. B. der Cyber-Sicherheitsrat Deutschland e. V. [13].

1.1 Wie alles begann

Ohne hier in die technischen Details zu gehen: die Geschichte der Informations- sicherheit ist so alt wie die Menschheit. Schon seit Menschengedenken liegt es in unserem Interesse und unserer Überlebensstrategie, Güter und Informationen nur einer eingeschränkten, vordefinierten Gruppe von Individuen zugänglich zu machen oder mit dieser zu teilen. In einer Welt, in der Informations- und Wissensvorsprung im wahrsten Sinne des Wortes wertvoll ist, ist das Interesse groß, diesen Wert zu schützen. Insofern mag schon die frühe Verschlüsselung von Informationen an den Anfang dieses kurzen geschichtlichen Abrisses gehören: bereits um 3000 Jahre vor unserer Zeitrechnung beginnt die Zeit der Kryptografie [14]. Und seit Informationen vor den Augen und dem Verständnis Unbefugter geschützt werden, gibt es auch die andere Seite. Diejenigen, die den richtigen Schlüssel finden wollen und intelligente Verfahren entwickeln, die Rätsel zu lösen [15].

Sollten wir Sie neugierig gemacht haben, dann lesen Sie gerne an anderer Stelle weiter, z. B. über die Chiffrier- und Dechiffriermaschinen die bereits im ersten, besonders dann aber im zweiten Weltkrieg zum Einsatz kamen. Oder die unglaubliche Geschichte von John Draper, der als Cap'n Crunch bekannt wurde und mithilfe einer einfachen Trillerpfeife Telefonleitungen knackte [16].

Bereits hier waren Technologien im Einsatz, die nicht mehr ohne intelligente, ebenfalls technologische Mittel zugänglich waren.

Unternehmen, die in den vergangenen zwei Jahren von Cyberkriminalität betroffen waren (Wirtschaftsspionage, Sabotage oder Datendiebstahl)

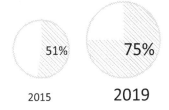

2015 — 51%
2019 — 75%

Von Spionage, Sabotage oder Datendiebstahl betroffene Unternehmen nach Unternehmensgröße (2019)

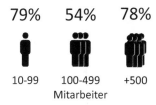

79% 54% 78%

10-99   100-499   +500
        Mitarbeiter

Abb. 1.1 Nach „Spionage, Sabotage und Datendiebstahl – Wirtschaftsschutz in der vernetzten Welt." Studienbericht 2020, bitkom, www.bitkom.org

1.2 Wo stehen wir heute?

Die jeweils aktuellen Zahlen zu den neuesten Bedrohungen und Arten von Kriminalität entnehmen Sie am besten den offiziellen Studien und Internetseiten, z. B. beim Bundeskriminalamt, das regelmäßig die „Bundeslagebilder Cybercrime" [17] veröffentlicht oder dem Bundesamt für Sicherheit in der Informationstechnik[3]. Darüber hinaus gibt es zahlreiche Studien, denen Sie Informationen entnehmen können. Es ist übrigens davon auszugehen, dass sich die Zahlen und Erscheinungsbilder von Cyberkriminalität aufgrund der Corona-Pandemie drastisch ändern werden (Abb. 1.1).

Eine Studie der Wirtschaftsprüfungsgesellschaft KPMG AG stellte die wichtige Frage „Ist Cyber-Security Chefsache?" [18] und kam unter anderem zu folgenden Ergebnissen:

- Lediglich 35 % der Entscheider in Unternehmen haben einen vollständigen Überblick über sensible Informationen.
- 44 % der Entscheider in Vorstandsetagen werden nur gelegentlich oder ausschließlich bei Vorfällen zu Cyber-Security informiert.

---

[3]Bundesamt für Sicherheit in der Informationstechnik, https://www.bsi.bund.de/.

- „51 % der Führungskräfte haben keinen guten Überblick bezüglich des IT-Sicherheitsgesetzes".
- Obwohl 64 % der Entscheider angaben, die „Gesamtverantwortung für Cyber-risiken beim Vorstand" zu sehen, ist lediglich in 10 % der Unternehmen ein ausgewiesener „Chief Information Security Officer (CISO)" oder „Head of Security" etabliert, der sich operativ dem Thema Cyber-Security widmen kann.

Übrigens ist die Dunkelziffer der durch Cyberkriminalität verursachten Vorfälle recht hoch [19]. Die durch diese Vorfälle verursachten Kosten in Unternehmen sind daher nicht zu 100 % bekannt. Sicherlich ist die Tatsache, dass nicht alle innerhalb eines Unternehmens bekannt gewordenen Schäden offengelegt und zur Anzeige gebracht werden auch damit zu erklären, dass die Angst vor Reputationsverlust sehr hoch ist.

Im folgenden Kapitel geben wir eine kurze Einführung in die aktuellen Bedrohungen und zeigen auf, welche konkrete Motivation Cyberkriminelle veranlasst, Schaden anzurichten oder Daten zu entwenden.

1.3   Welche Arten von Bedrohungen gibt es?

Diese Frage ist nicht leicht zu beantworten, denn die Situation ändert sich ständig. Mit jeder neuen Technologie gehen Risiken einher, die als Einfallstor von außen dienen können. Man denke nur an die immer wieder auftretenden Sicherheitsupdates, die mit einer neuen Version eines Betriebssystems für Computer oder Smartphones eingespielt werden müssen, weil Schwachstellen bekannt wurden. Nicht anders als im privaten Bereich ist auch die technische Infrastruktur Ihres Unternehmens regelmäßig Angriffen und Vorstößen von außen ausgesetzt.

Praxistipp
Über den aktuellen Stand der Dinge sollte man sich am besten auf den einschlägigen Internetportalen auf dem Laufenden halten: für **Deutschland** finden Sie die relevante Information auf den Seiten des „Bundesamtes für Sicherheit in der Informationstechnik", für die **Schweiz** auf den Seiten der „Melde- und Analysestelle Informationssicherung MELANI",

in **Österreich** auf Online Sicherheit.at[4] oder beim Bundesministerium Digitalisierung und Wirtschaftsstandort[5] und **auf europäischer Ebene** „Europäische Agentur für Netz- und Informationssicherheit (enisa)[6].

Für sogenannte „Betreiber kritischer Infrastrukturen", also beispielsweise Energieversorger, Gesundheitseinrichtungen, aber auch staatliche Stellen, Verwaltungen und das Finanzwesen gelten besondere Regeln. So herrscht für bestimmte Arten von IT-Sicherheitsvorfällen eine Meldepflicht [20].

Zu den beliebtesten Attacken gehört nach wie vor der Einsatz von Trojanern. Schadprogramme, die sich über veraltete Software mit Sicherheitslücken oder über Anhänge an E-Mails Zugang zu nicht zuverlässig geschützten Computern verschaffen, installieren sich selbstständig auf Computern oder Laptops, oft unbemerkt von Nutzern der Geräte. Sie können dann dort erheblichen Schaden anrichten (Daten löschen oder manipulieren), Informationen sammeln (Nutzerverhalten, E-Mail-Adressen, Finanzdaten) oder andere Aktionen ausführen. Von einem befallenen Computer oder Server aus können sich diese Programme Zugang zu weiteren verbundenen Computern oder Servern und verbreiten sich auf diesem Weg exponentiell. Die Verbreitung findet häufig über sogenannte Bots statt (Kurzform von englisch Ro-**Bot** = Roboter), die sich ohne weiteres menschliches Zutun rasend schnell fortpflanzen können.

Relevant ist diese – schon vergleichsweise lange bekannte – Vorgehensweise jedoch vor allem, da es nicht bei Schäden auf einzelnen Geräten oder Netzwerken bleibt. Durch den Einsatz von ganzen Botnetzen kommt es zu den so genannten „(Distributed) Denial of Service (DDoS)"-Attacken. Stellen Sie sich vereinfacht vor, dass eine stetig wachsende Anzahl infizierter Computer miteinander verbunden ist und quasi ferngesteuert Zugriff auf Ihr Firmennetzwerk

---

[4]onlinesicherheit.at. Initiatoren: Bundesministerium für Digitalisierung und Wirtschaftsstandort (Wien) und A-SIT Zentrum für sichere Informationstechnologie (Wien), https://www.onlinesicherheit.gv.at.

[5]Bundesministerium für Digitalisierung und Wirtschaftsstandort (Wien), https://www.bmdw.gv.at/public.html.

[6]European Union Agency for Cybersecurity, https://www.enisa.europa.eu/.

oder Ihre Webseite startet. Die schiere Anzahl von Anfragen, deren Herkunft und Gestalt nicht identifizierbar ist, überfordert mit großer Wahrscheinlichkeit alle technischen Sicherheitsmaßnahmen. Diese Situation, in der alle Systeme und mit Informationssicherheit betrauten Mitarbeiter sich in einer Krisensituation befinden, ist der beste Moment, um einen gezielten und nachhaltigen bösartigen Angriff zu starten.

Der Faktor Mensch

Die weitaus größere Bedrohung liegt jedoch in der Umgehung der Sicherheitsmaßnahmen, bei denen im wahrsten Sinne des Wortes von innen die Tür geöffnet wird, um Kriminelle und Spione – bewusst oder unbewusst – einzulassen. Insbesondere mit Hilfe von „Social Engineering" werden Nutzer von Computer-, Smartphone- oder Sicherheitssystemen dazu veranlasst, sensible Informationen preiszugeben oder über Links bzw. Anhänge den Zugang zu Schadsoftware zu öffnen. Die Schadsoftware (auch englisch „Malware") kann sich dabei sowohl direkt in einer – zum Teil versteckten – Software befinden oder über den Link zu einer Internetadresse bzw. Webseite geöffnet werden.

Angriffe, die vor allem auf Menschen abzielen sind:

- **Phishing:** Ein hoher Prozentsatz von Cyberangriffen hat ihren Ursprung im Phishing (abgeleitet von englisch „fishing" = angeln). Über E-Mails oder auch Messengerdienste auf dem Smartphone, mit Anhängen oder Links, die zu gefälschten Webseiten führen, gelingt es den Angreifern, dem ahnungslosen Nutzer Zugangsinformationen zu entlocken. Beispiel: Sie werden unter Hinweis auf ein auslaufendes Abonnement auf eine Website geleitet, die der des entsprechenden Dienstleisters enorm ähnlich ist und werden gebeten, sich mit Benutzernamen oder E-Mail-Adresse und Passwort anzumelden. Dieser Weg kann dann z. B. genutzt werden, um an Ihre Kreditkarteninformation zu gelangen. Für ungeschulte Nutzer ist kaum erkennbar, dass sie auf einen solchen Trick herein gefallen sind. Sobald dies geschehen ist, sind diese Daten für den Angreifer nutzbar.
- **Schadsoftware** (englisch „Malware"), wie z. B. Trojaner und RATs (Englisch = Remote Access Tool), ist der Sammelbegriff für jede Art von Software, die eigens programmiert ist, um entweder ein Computersystem unmittelbar selbst zu beschädigen oder den Zugang zu einem Computersystem zu öffnen, ohne dass der Benutzer dies bemerkt oder initialisiert. Beispiele für Malware sind Trojaner, Viren, Würmer oder auch Keylogger (Programme,

die die Tastatureingabe aufzeichnen und auf diese Weise z. B. Passworte ausspähen). **Malware** wird normalerweise auf einem Computer installiert, wenn ein Benutzer auf einen Link klickt, einen bösartigen Dateianhang oder ein infektiöses Software-Programm herunterlädt. Einmal installiert, kann Malware vertrauliche Daten stehlen, löschen oder verschlüsseln. Sie kann auch Daten blockieren, z. B. Rechenfunktionen, deren Fehlen dann in der Folge ein System funktionsunfähig macht.

- Eine besondere, stark zunehmende Art der Schadsoftware ist die sogenannte **Ransomware.** Wie der Name bereits sagt, handelt es sich um eine Methode mit deren Hilfe Lösegeld erpresst wird (englisch „ransom"=Lösegeld). Die z. B. über einen Emailanhang eingeschleuste Software verschlüsselt Daten bzw. blockiert den Zugriff darauf. Stellen Sie sich vor, die Patientendaten eines Krankenhauses werden verschlüsselt und die Mitarbeiter können auf die dringend benötigten Informationen nicht mehr zugreifen. Diese Situation ist für den Betreiber des Krankenhauses, aber vor allem auch für Patienten existenz- oder gar lebensbedrohend. Die Angreifer erpressen in der Folge ein Lösegeld mit dem Versprechen, die Verschlüsselung rückgängig zu machen. Als Zahlungsmittel für diese Erpressung werden häufig Kryptowährungen (die bekanntesten sind Bitcoin und Ethereum) eingesetzt, deren Herkunft und Weitergabe äußerst schwer nachzuverfolgen ist.
- Wie sehr an soziale menschliche Verbindungen angeknüpft wird, um an Insiderinformationen zu kommen, zeigt die Unternehmensvariante des altgedienten Enkeltricks [21]: **CEO-Fraud** [22]. Im Namen des Geschäftsführers oder eines anderen hochrangigen Managers wird eine Geldzahlung angewiesen. Die Verwendung vertraulicher Details, wie z. B. der Bezug auf ein aktuelles Projekt oder Verweis auf einen anderen Mitarbeiter des Unternehmens, lassen die Anfrage in einem realistischen Licht erscheinen und der Betrug bleibt unbemerkt. Die Erstellung einer gefälschten oder einer täuschend ähnlichen Absende-E-Mail-Adresse ist für Hacker nur eine Fingerübung und stellt keine Herausforderung dar. Viele Unternehmen halten sich daher mit der öffentlichen Preisgabe von Informationen zurück, die für solche Zwecke genutzt werden können: die Logik von E-Mail-Adressen in Kombination mit Vor- und Nachname des Finanzchefs beispielsweise macht die Erstellung einer „Fake"-E-Mail recht einfach. Der Empfang einer Nachricht vorname.nachname@unternehmen.de als Absender reicht in der Regel aus, um eine Nachricht zu akzeptieren und der Anweisung einer Geldüberweisung z. B. durch den Geschäftsführer oder Finanzchef zu folgen.

1.4   Was ist die Motivation von Hackern?

Warum dringt überhaupt jemand in die Infrastruktur Ihres Unternehmens ein? Was ist die Motivation, die Identitäten Ihrer Mitarbeiter zu kennen oder Ihre Daten zu verschlüsseln? Indem Sie verstehen, welche Beweggründe hinter dieser kriminellen Energie stehen, wird Ihnen und Ihrer Organisation ein kleiner Einblick hinter die Kulissen gewährt.

Die stereotype Darstellung des jugendlichen Computergenies im dunklen Hoody mit über den Kopf gezogener Kapuze kennt man. Selbst in der Cyberthriller-Serie „Hackerville" bedient man sich dieses Klischees. Zugleich wird dort aber auf anschauliche Weise deutlich, wie organisiert und international die Hackingszene ist. Und zugleich beängstigend kreativ: so hackt in „Hackerville" ein Jugendlicher problemlos ein reales Ampelsystem und die echte Verkehrswelt verwandelt sich am Bildschirm in ein Online-Spiel. Mit katastrophalen Folgen und einigen echten Verkehrsunfällen.

In der Übersicht hier folgt eine kurze Typisierung der verschiedenen Arten von Hackern:

- **White-Hat oder „ethische" Hacker** werden von Unternehmen beauftragt, um die Sicherheit der eigenen Infrastruktur oder Software zu prüfen und mögliche Lücken im System aufzuspüren. Es ist auf diese Weise möglich, die eigenen Präventivmaßnahmen auf ihre Wirksamkeit und Qualität zu überprüfen, indem echte, bösartige Angriffe simuliert werden. Im Erfolgsfall kann dann nachgesteuert werden, es entsteht dem Unternehmen jedoch kein Schaden, da der Hacker vom Unternehmen für diesen Zweck eigens beauftragt wurde. Ein Beispiel für eine solche Anwendungsmethode sind die so genannten „Penetrationstests", die zum Ziel haben Sicherheitslücken von beauftragten Spezialisten aufdecken zu lassen, um anschließend die IT-Sicherheit zu verbessern. Für diesen Zweck wird das Eindringen in die Infrastruktur oder Anwendungen gezielt erlaubt.
- **Hacktivismus:** Hacktivisten dringen aus politischer oder sozialer Motivation in Computersysteme oder Webseiten ein. Sie nutzen Technologie, um auf ihre ideologischen Ziele aufmerksam zu machen. Statt Häuser oder Fischtrawler zu besetzen, werden beispielsweise Webseiten temporär lahmgelegt und statt offizieller Unternehmens- oder Organisationsinformationen die eigenen politischen Botschaften eingeblendet. Hacktivisten bedienen sich dabei meist herkömmlicher Methoden des Hackens. Die wohl bekannteste Gruppe von Hacktivisten war die Anonymous-Bewegung, die mit zahlreichen Aktionen

auf sich aufmerksam machte. Sie übernahmen temporär Webseiten und Social-Media-Kanäle, um ihre Botschaften zu platzieren.

- **Ressourcenraub/Mining:** Eine besondere Art von Diebstahl, bei der sich Kriminelle Zugang zu fremden Computerressourcen verschaffen, um Bitcoins zu schürfen. Dies ist ein profitables Geschäft, denn das sogenannte Bitcoin-Mining ist sehr energie- daher ressourcen- und kostenintensiv. Hacker nutzen daher jede Gelegenheit aus, sich fremder Ressourcen zu bedienen und die Kryptowährung auf den Geräten ahnungsloser Kunden zu schürfen[7] [23].
- **Finanzielle Interessen** sind das Motiv von Cyber-Kriminellen. Digitaler Diebstahl ist vielfältig und oft nicht einfach nachzuverfolgen. Es müssen dabei nicht immer die spektakulären großen Deals sein. Wo vor 30 Jahren ein Geldautomat noch gesprengt werden musste, um an den wertvollen Inhalt zu kommen, wird heute mittels „Jackpotting" der Inhalt geräuschlos innerhalb von Minuten leergeräumt, also über einen Zugang zum Bankautomaten mittels eingeschleuster Software. Auch als KMU sind Sie vor der modernen Art der Räuberei nicht geschützt. So werden immer häufiger Unternehmen erpresst, deren Daten mithilfe eingeschleuster Schadsoftware verschlüsselt wurden. Da das „Lösegeld" in Bitcoins gefordert wird, ist der Geldfluss de facto nicht mehr nachvollziehbar [24].
- **Wirtschaftsspionage:** Cyberkriminelle nutzen technische oder menschliche Schwachstellen aus, um geistiges Eigentum oder Geschäftsgeheimnisse in ihren Zugriff zu bringen. Diese besondere Art der Cyberkriminalität stellt eine erhebliche Bedrohung für alle Organisationen dar, unabhängig davon, ob es sich um Behörden, Unternehmen oder ganze Staaten handelt. Es ist leicht vorstellbar, was der Diebstahl sensibler Informationen für die Betreiber kritischer Infrastrukturen, von denen die Versorgung eines Landes abhängt, aber auch für uns alle, in der Konsequenz bedeuten kann.

Nicht in jedem Fall übrigens ist der Verlust von Cyber-Security die Folge eines bösartigen oder gar kriminellen Angriffs Dritter. Auch die Weitergabe von Informationen durch Insider fällt in diese Kategorie. Die Motivationen für diese Art von „Innentätern" reichen von persönlicher Rache über politische Motivation bis hin zu finanzieller Bereicherung durch Industriespionage.

---

[7]Diese Erzeugung von Bitcoins nennt man Schürfen oder auch englisch „mining", entlehnt dem Vokabular des Schürfens von Gold oder anderen Rohstoffen (siehe https://www. bitcoinmag.de/mining, Zugegriffen 10.08.2020).

Es sollte auch nicht verschwiegen werden, dass die Nutzung fehlerhafter Software (selbst entwickelt oder eingekauft) oder nicht ausreichend gesicherter Infrastruktur zu einer unsicheren technischen Umgebung beiträgt und auf diesem Weg beispielsweise ungewollt Daten abfließen oder von außen einsehbar sein können (menschliches Versagen).

Aus all diesen oben genannten Gründen ist es sinnvoll und der Mühe und Investition wert, Ihr maßgeschneidertes Sicherheitsmanagementsystem zu implementieren.

Literatur

1. Olcott, J. (2019): Cybersecurity Vs. Information Security: Is There A Difference? https://www.bitsight.com/blog/cybersecurity-vs-information-security. Zugegriffen: 23.07.2020.
2. RMStudio (o. J.): Information Security–vs–Cybersecurity. https://www.riskmanagement-studio.com/information-security-vs-cybersecurity/. Zugegriffen: 23.07.2020.
3. Azmi, R., Kautsarina (2019): Revisiting Cyber Definition. Conference paper 18th European Conference on Cyber Warfare and Security, Coimbra, Portugal. https://www.researchgate.net/publication/334989724_Revisiting_Cyber_Definition. Zugegriffen: 23.07.2020.
4. Allianz für Cyber-Sicherheit. Bundesamt für Sicherheit in der Informationstechnik (Hrsg.) (2018): Cyber-Sicherheits-Umfrage – Cyber-Risiken & Schutzmaßnahmen in Unternehmen. Bonn. Fassung vom 18.04.2019, S. 11.
5. Dreißigacker, A., Skarczinski, B. von, Wollinger, G.R. (2020): Cyberangriffe gegen Unternehmen in Deutschland. Ergebnisse einer repräsentativen Unternehmensbefragung 2018/2019. Kriminologisches Forschungsinstitut Niedersachsen e.V. (Hrsg.). https://www.pwc.de/de/cyber-security/cyberangriffe-gegen-unternehmen-in-deutschland.pdf. Zugegriffen: 23.07.2020. S. 41 ff.
6. Dreißigacker, A., Skarczinski, B. von, Wollinger, G.R. (2020): Cyberangriffe gegen Unternehmen in Deutschland. Ergebnisse einer repräsentativen Unternehmensbefragung 2018/2019. Kriminologisches Forschungsinstitut Niedersachsen e.V. (Hrsg.). https://www.pwc.de/de/cyber-security/cyberangriffe-gegen-unternehmen-in-deutschland.pdf. Zugegriffen: 23.07.2020. S. 71 ff.
7. „Resilienz", bereitgestellt durch das Digitale Wörterbuch der deutschen Sprache, https://www.dwds.de/wb/Resilienz. Zugegriffen: 23.07.2020.
8. Als vertiefende Lektüre zum Thema Business Continuity empfiehlt sich: Kersten, H., Klett, G. (2017): Business Continuity und IT-Notfallmanagement. Grundlagen, Methoden und Konzepte. Springer Vieweg, Wiesbaden.
9. Bartsch, M., Frey, S. (2017): Cyberstrategien für Unternehmen und Behörden. Maßnahmen zur Erhöhung der Cyberresilienz. Springer Vieweg, Wiesbaden.
10. Eine humorvolle und leichte Einführung in das Thema (persönliche) Resilienz findet sich in: Johnstone, M. (2015): The Little Book of Resilience: How to Bounce Back from Adversity and Lead a Fulfilling Life. Robinson, London.

11. Helisch, M., Pokoyski, D.: Security Awareness. Neue Wege zur erfolgreichen Mitarbeiter-Sensibilisierung. Vieweg+Teubner, GWV Fachverlage GmbH, Wiesbaden (2009), S. 8.
12. Für eine breitere Einführung in das Thema empfiehlt sich die folgende Lektüre: Heller, J. (Hrsg.) (2019): Resilienz für die VUCA-Welt. Individuelle und organisationale Resilienz entwickeln. Springer, Wiesbaden.
13. Cyber-Sicherheitsrat Deutschland e. V., https://cybersicherheitsrat.de/. Zugegriffen: 23.07.2020.
14. Singh, S (2017): Geheime Botschaften. Die Kunst der Verschlüsselung von der Antike bis in die Zeiten des Internet. dtv Verlagsgesellschaft mbH & Co.KG, München.
15. Beutelspacher, A. (2017): Eine kurze Geschichte der Kryptografie. Bundeszentrale für politische Bildung. https://www.bpb.de/apuz/259145/eine-kurze-geschichte-der-kryptografie. Zugegriffen: 23.07.2020.
16. Sen, W. (o. J.): The Cap'n Crunch Story. Der Hacker mit der Trillerpfeife. https://www.digitalwelt.org/themen/subkulturen/the-capn-crunch-story. Zugegriffen: 23.07.2020.
17. Bundeskriminalamt (2019): Cybercrime Bundeslagebild 2018. https://www.bka.de/DE/AktuelleInformationen/StatistikenLagebilder/Lagebilder/Cybercrime/cybercrime_node.html. Wiesbaden. Zugegriffen: 23.07.2020.
18. KPMG AG Wirtschaftsprüfungsgesellschaft (Hrsg.) (2018): Ist Cyber-Security Chefsache? Der Umgang deutscher Entscheider mit Cyber-Security. Studie und Handlungsempfehlungen. Ohne Ort.
19. Bundeskriminalamt (2019): Cybercrime Bundeslagebild 2018. https://www.bka.de/DE/AktuelleInformationen/StatistikenLagebilder/Lagebilder/Cybercrime/cybercrime_node.html. Wiesbaden. Zugegriffen: 23.07.2020. S. 5.
20. Detaillierte und aktuelle Informationen finden Sie beim Bundesamt für Sicherheit in der Informationstechnik (BSI): Kritische Infrastrukturen. https://www.bsi.bund.de/DE/Themen/KRITIS/kritis_node.html. Zugegriffen: 23.07.2020.
21. Sporkert, C. (2020): Enkeltrick de luxe: Betrüger linken Hammer Firma um 240.000 Euro! Westfälischer Anzeiger Verlagsgesellschaft mbH & Co. KG. https://www.wa.de/hamm/ceo-fraud-hamm-betrueger-geben-sich-mails-chef-erbeuten-firma-240000-euro-13794457.html. Zugegriffen: 23.07.2020.
22. Schweizerische Eidgenossenschaft: CEO-Fraud gegen Firmen und Vereine. https://www.melani.admin.ch/melani/de/home/themen/CEO-Fraud.html. Zugegriffen: 23.07.2020.
23. Brühl, J. (2020): Angriff auf die Supercomputer. Süddeutsche Zeitung. https://www.sueddeutsche.de/digital/supercomputer-hacker-garching-corona-1.4909397. Zugegriffen: 23.07.2020.
24. Bundeskriminalamt: Digitale Erpressung. https://www.bka.de/DE/IhreSicherheit/RichtigesVerhalten/StraftatenImInternet/DigitaleErpressung/digitaleErpressung_node.html. Zugegriffen: 23.07.2020.

Ihr maßgeschneidertes Sicherheits-Ökosystem

Wir wenden uns mit diesem Werk explizit nicht an Informationssicherheits-spezialisten mit tiefem technischem Know-how. Aus zwei Gründen jedoch ist es notwendig, im Management das Vorgehen aus technischer Sicht in Grundzügen zu kennen. Erstens: Unabhängig davon, ob Sie Ihre eigenen oder Fachkräfte eines Dienstleisters an Ihrem Vorhaben beteiligen, ist es gut, sich fachlich soweit zu informieren, dass Sie kompetente Entscheidungen treffen können. Je mehr Verständnis man dem Gegenüber entgegenbringt, umso partnerschaftlicher und besser ist die Lösung. Zweitens: Ein guter Sicherheitsfahrplan und ein gesundes Sicherheits-Ökosystem leben vor allem von echten Vorbildern. Als Geschäftsführer oder Mitglied des Managements haben Sie eine Vorbildfunktion, die sich in Wissen um die Relevanz des Themas Cyber-Security und einer Authentizität in der Begleitkommunikation widerspiegeln sollte.

Ein Negativbeispiel – allen guten Regeln zum Trotz: Sie erlassen eine Richtlinie und führen eine technische Lösung zur Verschlüsselung sensibler E-Mails ein, fordern aber einen Ihrer Mitarbeiter auf, ein unverschlüsseltes Dokument an Ihre private E-Mail-Adresse zu senden. Wer es wirklich ernst meint und verstanden hat, was der Kern von Cyber-Security ist, konterkariert die eigenen Maßnahmen nicht mit derlei leichtsinnigen Aktivitäten.

Einen weiteren Grund gibt es: Im Zuge der Digitalisierung wird es weitere Einführungen neuer, technologischer Lösungen und Geschäftsmodelle geben. Es sollte zur Pflicht eines guten Managers gehören, sich über die Entwicklungen auf dem Laufenden zu halten. Die Kür ist es jedoch, die eigenen Errungenschaften zum Wohle des Unternehmens und der Mitarbeiter auch professionell zu schützen.

S. Maier und S. Aengenheyster, *Geschäftsrisiko Cyber-Security,* essentials, https://doi.org/10.1007/978-3-658-32046-1_2

Eine Organisation braucht Übung und Zeit, um Cyber-Security zu lernen
Veränderungen etablierter Verhaltensweisen geschehen nicht über Nacht, sondern müssen eingeübt und verstetigt werden. Nehmen Sie sich bitte diese Zeit, sammeln Sie ein Projektteam um sich, mit dem Sie sich gemeinsam auf den Weg machen. Für eine nachhaltige Absicherung Ihrer vitalen Prozesse benötigen Sie Beteiligte aus verschiedenen Bereichen des Unternehmens. Einer der ersten Schritte ist die Zusammenstellung eines solchen Teams, das in jedem Fall Ihren Rückhalt und Ihre Unterstützung hat. Seien Sie ansprechbar und beteiligen Sie sich.

> **Praxistipp**
> Unabhängig davon, ob Sie Ihre Cyber-Security in eigene oder fremde Hände legen, ist die Etablierung eines „Informationssicherheitsbeauftragten" (ISB) sinnvoll. Er oder sie ist erster Ansprechpartner für das Thema und kann bei Bedarf fest in der Organisation etabliert und geschult werden.

Nationale und internationale Standards
Die gute Nachricht: Sie sind nicht alleine und müssen nicht bei Null anfangen.

Für den deutschsprachigen Raum sei hier vor allem verwiesen auf den „IT-Grundschutz" [1]. Der Einstieg in Cyber-Security wird durch das BSI wirklich leicht gemacht, insbesondere für KMU finden sich praxisorientierte Hinweise, auch für eine „Basis-Absicherung" [2]. Außerdem bieten die Richtlinien VdS 10.000 Empfehlungen für die Implementierung für ein „Information Security Management Systems (ISMS) für kleine und mittlere Unternehmen (KMU)" [3].

Die international gültige Norm ISO27001 bietet einen Best-Practice-Ansatz für das Managen Ihrer Cyber- und Informationssicherheit mit Fokus auf Privatsphäre und Datenschutz. ISO27001 ist ein globaler Sicherheitsstandard und unterliegt einer externen Prüfung. Es klingt komplex und zeit- sowie ressourcenraubend, der Standard ermöglicht Organisationen jedoch, einen einheitlichen Ansatz zu verfolgen. Es bietet neben der eigentlichen Erhöhung der Cybersicherheit einige Vorteile nachzuweisen, dass Sie die Prozesse der Informationssicherheit erfolgreich eingeführt haben, z. B.

- Höheres Vertrauen von Kunden und Geschäftspartnern
- Höheres Vertrauen der Mitarbeiter
- Kostensenkung durch Schadensvermeidung

- Eintrittskarte für den Abschluss einer Cyberversicherung (diese kann durchaus sinnvoll sein, um Kosten zu decken im Fall von Betriebsunterbrechung, Verlust von Daten, Schadensaufdeckung und -verfolgung)

Für die USA wurde vom „National Institute of Standards and Technology" das weltweit genutzte Cyber-Security-Rahmenwerk NIST[1] entwickelt.

Cyber-Security ist kein statischer Zustand, sondern ein stets zu verbessernder Prozess
Fest steht, dass Sicherheit relativ und zeitlich begrenzt ist. Neue Technologien haben Schwachstellen, die zuerst bemerkt und dann behoben werden müssen. Es ist zudem völlig unmöglich alle Schwachstellen im Voraus zu erkennen und insbesondere das Verhalten von Menschen, die die Technologien bedienen, zu 100 % vorherzusagen. Tatsache ist jedoch, dass ein mündiger Nutzer aus Sicherheitsperspektive ein aufmerksamerer und besserer Nutzer ist. Das oberste Ziel einer guten Cyber-Security ist daher neben der rein technischen Absicherung, im gesamten Unternehmen eine „Awareness" zu schaffen, die die Sicherheit von Mitarbeitern im Fokus hat. Sicherheit heißt in diesem Fall Sicherheit …

- … im Wissen, was die Erwartungshaltung des Unternehmens an die Mitarbeiter zum Umgang mit Technologie ist
- … im Wissen um die Schutzziele und -prioritäten des Unternehmens (inkl. Compliance)
- … im Wissen um die aktuelle Bedrohungslage und im Umgang mit potenziellen Bedrohungen
- … im Umgang mit Fehlern
- … gegenüber der Erwartungshaltung an die eigene Rolle

Cyber-Security ist nicht nur, aber auch ein technisches Thema
In der Welt der Informationssicherheit gibt es, wie bereits oben erwähnt, Standards, die sich der Absicherung gegenüber Risiken widmen. Der BSI-Grundschutz, basierend auf der ISO-Norm 207001, beschreibt dabei im Wesentlichen den Aufbau eines gesamten Rahmens und den Aufbau eines so genannten

---

[1]National Institute of Standards and Technology, https://www.nist.gov/. Zugegriffen: 23.07.2020.

„Information Security Management Systems (ISMS)". Ein ISMS stellt einen systematischen Ansatz dar, die Verwaltung und den Schutz von Informationen eines Unternehmens zu betrachten und zu behandeln. Eine Vielzahl von Angriffen kann bereits durch die Errichtung eines wirksamen und robusten ISMS verhindert oder abgewehrt werden. Ein ISMS beruht auf der intensiven Betrachtung von Menschen, Prozessen und Technologien. Konkret bedeutet dies: Den Stier bei den Hörnern packen und sich fragen: welchen unternehmensindividuellen Risiken unterliegen die Faktoren Menschen, Prozesse und Technologien und wie will man damit umgehen?:

- Risiken lassen sich reduzieren (z. B. Firewalls und Zugangsrechte zu Systemen entsprechend konsequent konfigurieren; Passworte regelmäßig aktualisieren; Administrationsrechte für Software oder Systeme durch gesonderte Authentifizierungen schützen).
- Risiken können vermieden werden (z. B. Unterbindung von „Bring your own device" (BYOD), also Nutzung privater Geräte im Unternehmensnetzwerk).
- Risiken können verlagert werden (z. B. durch Outsourcing von Dienstleistungen)
- Risiken zu akzeptieren ist ebenso möglich, z. B. um überhaupt handlungsfähig zu bleiben. Das umgebende Rahmenwerk hilft dann aber 1) diese Einstellung transparent zu machen und die getroffene bewusste Entscheidung ggf. in einem späteren Überprüfungszyklus zu revidieren und 2) die Grenze des Risikos abzustecken und somit einen versehentlichen, kompletten Kontrollverlust zu vermeiden. Fragen Sie sich daher, wo Ihre unternehmensindividuelle Hemmschwelle zur Akzeptanz von Risiken ist. Ab wann gilt sozusagen: „Bis hierher und nicht weiter?"

Ein ISMS zu etablieren ermöglicht es Ihnen, die Entscheidungen zu rationalisieren und zu dokumentieren (z. B. als Grundlage für ein IT-Grundschutz-Audit). Dort definieren Sie Rollen und Zuständigkeiten, Regeln, Verfahren und Vorgehen, Maßnahmen sowie Werkzeuge, mit deren Hilfe Sie die Informationssicherheit steuern, kontrollieren und verbessern.

Der Einsatz einer Software ist zur Errichtung eines Information Security Management Systems nicht zwingend erforderlich. Abgesehen vom Kostenfaktor bieten die meisten dieser Systeme jedoch einen Workflow inklusive Benachrichtigungsfunktionen, die die Verwaltung von Dokumenten oder Einträgen und eine strukturierte Herangehensweise komfortabel unterstützen.

Einen Überblick über ISMS-Softwaresysteme, die den Betrieb nach der Norm ISO/IEC 27001 unterstützen finden Sie z. B. auf den Seiten der ISO 27001 Management Consulting[2] oder in der Studie „ISMS-Tools im Vergleich" der ibi systems GmbH [4].

Eine aktuelle Auflistung Grundschutztools zum Betrieb eines ISMS auf Basis des IT-Grundschutzes des BSI finden Sie auf den Seiten des BSI [5].

Für den kleinen Rahmen bedient sich ein Großteil der Unternehmen jedoch der gewohnten Office-Produkte für die Erstellung und Verwaltung von ISMS-Komponenten oder setzt auf interaktive Software, die WIKI- und Workflow-funktionen beinhaltet.

Resiliente Organisationen sind besser geschützt

„Nur ein Narr schafft sich für jede Maus eine Katze an.", sagt ein spanisches Sprichwort. Darin liegen zwei Wahrheiten, die in unserem Zusammenhang wichtig sind:

Erstens: Cyberkriminelle und Mäuse nutzen jede kleine Lücke und jeden Spalt, um sich Zugang zu Ihrem Haus oder Ihrem Unternehmen zu verschaffen. Es ist eine Frage der Perspektive, ob alles „sicher" ist. Dass Sie nichts hören oder bemerken, bedeutet nicht, dass alles in Ordnung ist. Aktuell sind Cyberkriminelle oft fast ein halbes Jahr aktiv in Ihren IT-Systemen unterwegs, bevor sie bemerkt werden.

Zweitens: Es ist sehr unwahrscheinlich, dass jeder potenzielle Angriff entdeckt und abgewehrt werden kann. Der Aufwand, eine 100 %ige Sicherheit zu schaffen ist schier unmöglich, was den Einsatz zeitlicher und finanzieller Ressourcen angeht. Mit anderen Worten: eine dauerhafte 100 %ige Sicherheit gibt es nicht.

Dennoch ist es blauäugig zu hoffen, dass nichts geschieht und man von hungrigen Nagetieren oder datengierigen Kriminellen verschont bleibt. Die meisten Menschen schließen zumindest hinter sich die Haus- oder Wohnungstür, sorgen für Sauberkeit und ein Minimum an Zugangsbeschränkungen. Übrigens gilt dies ja auch für physische Unternehmenswerte und -gebäude. Die meisten Produktionsunternehmen haben eine Zutrittsbeschränkung für den Produktions-bereich, schaffen Sicherheit durch Wegemarkierungen oder öffnen ihre Türen

---

[2]ISO 27001 Management Consulting, https://www.iso-27001.at/isms/. Zugegriffen: 23.07.2020.

nur nach Authentifizierung an der Pforte oder am Eingang. In der Regel werden Besucher mit einem entsprechenden Ausweis versorgt, der sie für alle sichtbar als nicht zum Unternehmen gehörig kennzeichnet. Im Idealfall werden dann vertrauliche Gespräche unterlassen bzw. unterbrochen oder der Besucher freundlich, aber bestimmt darauf aufmerksam gemacht, dass dieses Gebäude oder jener Raum von ihm nicht betreten werden darf. Wenn ein Eindringling mehr Zeit und Energie für einen Angriff oder Spionage aufwenden muss, als das Ergebnis rechtfertigt, reicht dies für eine Abwehr oft aus. Das bedeutet: wenn eine gute Sicherheitsgrundlage gelegt ist, dann reicht im Regelfall eine Katze, um die Mäusebedrohung im Zaum zu halten.

Es gibt also, wie bereits oben geschildert, auch hier technische, aber auch soziale und kulturelle Mechanismen, das eigene geistige oder materielle Eigentum zu schützen. Das Gleiche gilt für digitales, nicht-physisches Eigentum. Wo fängt man aber an und auf welchem Weg kommt man nun zum eigenen resilienten Sicherheits-Ökosystem?

Wir führen Sie im Folgenden in fünf Schritten zum resilienten Sicherheits-Ökosystem (Abb. 2.1).

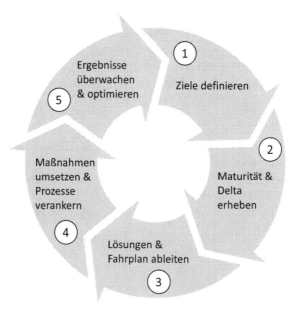

Abb. 2.1 In fünf Schritten zum resilienten Sicherheits-Ökosystem. (Eigene Darstellung)

Abb. 2.2 CIA-Modell
(confidentiality/
Vertraulichkeit – Integrity/
Integrität – Availability/
Verfügbarkeit). (Eigene
Darstellung)

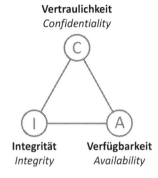

Vertraulichkeit
Confidentiality

Integrität   **Verfügbarkeit**
Integrity   *Availability*

2.1 Ziele definieren und anpeilen

Starten wir mit dem Offensichtlichen: Jedes Unternehmen ist anders, unter-
scheidet sich in der Regel sogar vom unmittelbaren Wettbewerb in Organisation,
Kultur, Prozessen und Abläufen. Was aber macht Ihr Unternehmen besonders
wertvoll? Welche Werte – physische wie nichtphysische – möchten Sie schützen?
Und ebenso wichtig ist die Frage: Wie gefährdet sind diese Werte? Von dieser Einschätzung der Gefährdung oder besser des Risikos der Gefährdung und ggf. des
Verlustes, wird der Fahrplan zum resilienten Sicherheits-Ökosystem getrieben [6].

Eine bewährte Herangehensweise zur Priorisierung der „Schutzziele" bietet
die Anwendung des „CIA-Modells" aus dem Bereich der Informationssicherheit
(Abb. 2.2.).

Vertraulichkeit	Wenn Informationen vertraulich sind, bedeutet dies, dass sie nur eingeschränkt und einem zuvor definierten Personenkreis zugänglich sein sollen. Beispiele: Kontodaten von Kunden, Personaldaten (z. B. Gehälter), Umsatzzahlen. Liegt die Priorität hier hoch, dann ist der Schaden, der durch den Zugriff Unbefugter auf diese Informationen entsteht, hoch
Integrität	Unter Integrität versteht man im Zusammenhang mit Informations-sicherheit die Unveränderbarkeit von Daten. Verändern beinhaltet in diesem Fall auch die Löschung oder Ergänzung von Daten und Informationen. Man kennt z. B. die Sicherstellung von Integrität durch die Erteilung unterschiedlicher Rechte auf Dokumente: jemand kann ein Dokument lesen, jedoch keine neue Version erstellen oder die existierende Version löschen

Verfügbarkeit	Die ständige Verfügbarkeit von Informationen ist etwas, an das wir uns alle in Zeiten des Internet gewöhnt haben. Wie wichtig ist aber die Verfügbarkeit Ihrer schützenswerten Informationen 24 h am Tag, 7 Tage in der Woche? In Ihrer Risikobetrachtung ist es vermutlich weniger wichtig, dass die elektronischen Urlaubsanträge zu jeder Tag- und Nachtzeit erreichbar sind, wohl aber, dass Ihre Kunden über die Website bestellen können und nicht wegen der Nachricht „Die Webseite ist nicht erreichbar" zum Wettbewerb wechseln – und nicht wiederkommen

Erstellen Sie mit Ihrem Kernteam eine solche Übersicht, um ein gemeinsames Verständnis Ihrer zu schützenden Werte zu erlangen. Im nächsten Schritt beraten Sie oder lassen Sie sich beraten, wie hoch das aktuelle **Risiko** und die **Auswirkung** eines Schadensfalls ist, welche Maßnahmen dagegen getroffen werden können und welcher Kostenrahmen für diese (technischen) Maßnahmen zur Verfügung steht. Unter Umständen gibt es einfach, schnell und kostengünstig zu realisierende Lösungen, wie die Verschlüsselung von Kundendaten, sodass im Verlustfall der Angreifer die Daten nicht auslesen kann.

Praxistipp

Aller Anfang ist schwer und sich auf die richtige Vorgehensweise zu einigen bedarf einiger Vorbereitung. Das BSI stellt hier eine sehr hilfreiche Broschüre zur Verfügung, die auch als Vorlage für Ihr eigenes Unternehmen verwendet werden kann: anhand eines Beispielunternehmens wird die Herangehensweise für die Erhebung, Beschreibung und Bewertung der unternehmenskritischen Prozesse erarbeitet. Ausgehend von der Organisation des Unternehmens arbeitet man sich Schritt für Schritt vor, um dann als Ergebnis eine gute und vollständige Übersicht der Schutzziele zu erhalten, das jeweilige Risiko und dessen Bewertung [7].

Der erste Schritt: Definieren des Zieles und Feststellen des Status quo
Sie wissen nun, auf welche Bereiche Ihres Unternehmens Sie den Fokus aus der
Perspektive der Cyber-Security legen wollen. Dies ist jedoch lediglich die Grund-
lage für die Reise, die noch bevorsteht.

Wie in jedem guten Projekt, verschaffen Sie sich einen Überblick über die
Ausgangslage, priorisieren Sie, welche Ziele erreicht werden sollen und legen
fest, welche Zwischenziele auf diesem Weg liegen sollen.

Es ist wichtig, das Team für dieses Vorhaben sorgsam zusammenzustellen.
Einzelkämpfer werden nichts erreichen, es ist sowohl wichtig Alliierte im Unternehmen zu haben und sie aktiv von Anfang an zu beteiligen, als auch das eigene,
das Engagement des Managements zu signalisieren und vorzuleben. Die Art und
Weise des Vorgehens sollte zu Ihrem Unternehmen passen und akzeptiert sein.
Ist Ihr Ansatz eher agil? Dann nutzen Sie die Kompetenz, die bereits im Unternehmen etabliert ist. Führen Sie Projekte nach dem klassischen Wasserfallmodell
durch? Dann vergessen Sie bitte nicht, überschaubare und erreichbare Meilensteine zu definieren und zu kommunizieren. Cyber-Security muss Schritt für
Schritt im Unternehmen verankert werden, kurzfristige und kurzsichtige Aktivitäten ohne nachhaltige Verfestigung sind eher schädlich als nützlich.

Praxistipp
Es ist unter Umständen auch sinnvoll, zu definieren und zu kommunizieren,
worum man sich zu Beginn NICHT kümmern wird, also welche Aspekte
sich NICHT im Fokus z. B. des ersten Jahres befinden und warum. Diese
Aspekte müssen dann nicht bei jedem Zwischenstopp erneut diskutiert
werden, sondern können – für alle sichtbar und nachvollziehbar – auf einer
Priorität-2-Liste stehen. Das spart oft Zeit und gibt doch eine erweiterte
Leitlinie für die aktuellen Prioritäten.

Ein möglichst diverses Team in diesem Vorhaben an Ihrer Seite zu haben, hat
viele Vorteile:

- Mitglieder des Teams, die nicht oder nicht nur IT sind, bringen weitere
  wichtige Aspekte ein. Sie sind Spezialisten in ihrem Fachgebiet, haben ein
  besonderes Verhältnis zu den eigenen Prozessen und stellen ggf. wichtige

Fragen aus ihrer eigenen Perspektive für die gemeinsame Reflexion über Schutzziele und potenzielle Gefahren sowie die Auswirkung von Angriffen.

- Das Thema Cyber-Security hat sowohl einen technischen als auch einen starken sozialen und kulturellen Aspekt. Ein gemeinsamer Wissensaufbau ermöglicht es, ein dauerhaft „schlagkräftiges" Team aufzubauen, mit Know-how und Awareness über das gesamte Unternehmen hinweg.
- Allianzen in möglichst vielen Unternehmensbereichen für das Thema Cyber-Security erhöhen die Identifikation mit dem gemeinsamen Ziel. Das stärkt das „Wir-gegen- die-Angreifer"-Gefühl und ist eine ideale Grundlage für echtes Feedback, inwieweit die Awareness im Unternehmen verankert ist.

2.2 Maturität und Delta erheben (Readiness)

Dieser zweite Schritt auf dem Weg zu einem resilienten Sicherheits-Ökosystem wird oft unterschätzt und übersprungen. Aus dem ersten Schritt heraus gibt es ja bereits eine gute Übersicht, wo die Prioritäten liegen sollen. Daher könnten nun die Ärmel hochgekrempelt und Maßnahmen ergriffen werden. Um aber weder über das Ziel hinauszuschießen, noch zu kurz zu springen, stellen Sie sich zunächst die Frage: Wie weit sind wir von dem Ziel entfernt, das wir erreichen müssen oder wollen? Wie groß ist das zu lösende Problem wirklich? Fangen Sie mit den Grundlagen der Informationssicherheit an oder besteht bereits eine gute Basis, auf der Sie aufsetzen können? Davon anhängig, wie nah oder fern das Zielszenario ist, werden Sie später die Maßnahmen definieren. Es ist gut, sich hier die Zeit zu nehmen, um ein paar grundlegende Informationen zu erheben. Die folgende Liste erhebt keinen Anspruch auf Vollständigkeit, sondern sie dient lediglich als Anregung:

- Anzahl der aktuell gemessenen Angriffe auf Ihre Infrastruktur
- Anzahl der durch Mitarbeiter an die IT gemeldeten Phishing-E-Mails
- Übersicht der bereits existierenden technischen Schutzmechanismen (z. B. Einrichtung sichere Passwörter + regelmäßige Aktualisierung)
- Wirksamkeit der existierenden technischen Schutzmechanismen (z. B. Anzahl abgewehrter Attacken). Hier empfiehlt es sich, eine externe Firma gezielt einen Hacking-Angriff starten zu lassen (sog. Penetrationstest), um einen Überblick zu erhalten, wie es um die eigene Infrastruktur steht. Das sollte dann als „Start" für Ihr neues Sicherheitsprogramm dienen, denn genau wie der von Ihnen gezielt eingesetzte Hacker, kann der feindliche Hacker ihre Firma über das Internet ansteuern.

- Übersicht der Nutzung der sozialen/kulturellen Schutzmechanismen
  - Übersicht und Abdeckung von Richtlinien und Policies
  - Bereits erfolgte Awareness-Maßnahmen
- Einhaltung der Nutzung der sozialen/kulturellen Schutzmechanismen (Clean-Desk-Policy, Sperren des Bildschirms)

Dies ist auch der richtige Zeitpunkt, um Ursachenforschung zu betreiben. Sollte es bereits bekannte, sich wiederholende oder akut drohende Probleme geben, suchen Sie die Gründe für diese Probleme. Beispiel: Sie verlieren einen Auftrag, da Ihr Wettbewerber auf ein von Ihrem Unternehmen entwickelten Produkt aufbauen und es innerhalb kurzer Zeit zur Marktreife bringen konnte Es stellt sich heraus, dass ein ehemaliger Mitarbeiter weiterhin ungehindert Zugang zu seinem E-Mail-Postfach und dem Projekt-SharePoint hatte. Er hatte die Informationen mit zu seinem neuen Arbeitgeber genommen und sie dort verwendet. Die Ursache könnte hier relativ einfach zu finden sein: die Verwaltung von Zugangsinformationen ist evtl. nicht abgestimmt mit den Prozessen der Personalabteilung, sodass die Sperrung von Nutzern nicht oder stark zeitverzögert stattfindet (On- und Offboarding-Prozesse für Personal). Die endgültige Lösung zu Problemen entwickeln Sie bitte erst, nachdem es einen Gesamtüberblick gibt, u. U. lassen sich die Probleme/Lösungen bündeln (z. B. Überarbeitung der Verwaltung von Zugriffsrechten auf Systeme) oder auch thematisch verarbeiten (z. B. Aufklärung im Rahmen einer Compliance-Schulung, dass die Weitergabe von internen Informationen strafbar ist und dem Unternehmen schadet).

Praxistipp

Nutzen Sie das gesamte Projektteam, um alle notwendigen Vorbereitungen zu treffen. Dazu gehört auch die Erhebung der Übersicht folgender Informationen, die später für die Realisierung der Lösungen und den weiteren Fahrplan benötigt werden:

- Fort- und Weiterbildung:
  - Übersicht geplanter neuer Weiterbildungen
  - Präferierte und verfügbare Arten der Wissensvermittlung (Präsenzveranstaltungen, externe oder interne Trainingsmaßnahmen, E-Learning etc.)
  - An welche Inhalte kann ggf. angeknüpft werden, um eine ganzheitliche Betrachtung des Themas zu erreichen (z. B. Compliance der Office-Schulungen)

- Interne Unternehmenskommunikation:
  - Sind bereits Kampagnen oder Events geplant, in denen das Thema Cyber-Security ebenfalls adressiert werden kann?
  - Welche Kommunikationskanäle stehen Ihnen zur Verfügung, wen erreichen Sie damit?
  - Welche weiteren Kommunikationskanäle möchten oder können etabliert werden
- Weitere Projekte, die eine inhaltliche Nähe zu Ihrem Anliegen haben oder an die angeknüpft werden kann (Beispiel: Sollten in Kürze die Compliance-Schulungen von Präsenztrainings auf E-Learning umgestellt werden, können einzelne Aspekte oder Kapitel aus dem Bereich Cyber-Security eingebunden werden. Das spart Aufwand und Kosten. Gleichzeitig kann die inhaltliche Verbindung der Themen adressiert werden.)

Die meisten Dienstleister im Bereich Informationssicherheit oder auch offizielle Stellen wie das BSI bieten sogenannte Maturitätsmodelle, anhand derer sich der Reifegrad einer Organisatin oder eines Unternehmens erheben lassen. Ein Beispiel für die verschiedenen Reifegrade der Cyber-Security Awareness von SANS Security Awareness, eine Abteilung des SANS-Instituts [8]:

Stufe 1: Awareness nicht existent Sensibilisierung und Aufklärung hat nicht stattgefunden, die Organisation ist auf Angriffe vollkommen unvorbereitet, es gibt keinerlei Richtlinien oder Vorsichtsmaßnahmen.

Stufe 2: Fokus auf Compliance Die notwendigsten, gesetzlich vorgeschriebenen Auflagen werden erfüllt, ein nachhaltiges Verständnis für Notwendigkeit von Maßnahmen und mögliche Ableitung von eigenem Verhalten ist jedoch nicht etabliert.

Stufe 3: Förderung von Bewusstseins- und Verhaltensänderungen Schulungs- und Sensibilisierungsmaßnahmen stehen in Verbindung mit Unternehmenszielen und finden ganzjährig statt. Ziel ist eine echte Verhaltensänderung, die auf dem Verständnis der implementierten Richt- und Leitlinien fußt. Die Inhalte von Maßnahmen werden verstanden und führen zu proaktiver Erkennung und Vermeidung von Cyber-Security-Vorfällen.

Stufe 4: Langfristige Erhaltung der Awareness und Kulturwandel Cyber-Security ist ein akzeptierter und bekannter Bestandteil der Unternehmenskultur. Es findet eine regelmäßige Statuskontrolle und Weiterentwicklung des Erreichten statt.

Stufe 5: Robustes Rahmenwerk Prozesse, Ressourcen und Systeme sind aufeinander abgestimmt und unterliegen kontinuierlicher Kontrolle und Verbesserung. Erfolge sind messbar und nachweisbar.

2.3   Lösungen und Fahrplan ableiten

Sie haben nun im Idealfall alle Informationen, um mit der Entwicklung Ihrer Maßnahmen zu beginnen:

- Übersicht über Ihre Schutzwerte und Beurteilung des zugehörigen Risikos
- Transparenz über den aktuellen Reifegrad Ihrer Cyber-Security
- (Messbare) Ziele, die es zu erreichen gilt
- Mittel und Ressourcen, die eingesetzt werden können

Sie können nun gemeinsam mit Ihrem Projektteam die geeigneten Maßnahmen entwickeln. Es bietet sich an, diese Vorschläge für Maßnahmen im Rahmen eines moderierten Brainstormings oder anderer Kreativmethoden zur Ideenfindung zu erarbeiten. Laden Sie möglichst unterschiedliche Beteiligte, vor allem aber auch Interessierte, zur Teilnahme ein. Die Teilnehmer bringen Ihre jeweils eigene Perspektive ein und tragen somit dazu bei, dass die Identifikation mit den Maßnahmen im Anschluss deutlich erhöht wird. Es kann Ihnen nichts Besseres geschehen, als wenn im Zuge einer Awareness-Kampagne Sätze fallen wie „Endlich wurden wir auch mal gefragt, was wir dazu denken." oder „Das war die Idee unserer Abteilung, das unterstützen wir zu 100%!". Und wer weiß, vielleicht ist die Auszubildende der Personalabteilung eine Hobby-Programmiererin und bietet als neue Fortbildung einen internen Programmierkurs für Anfänger an?

Bei der Entwicklung von Lösungsvorschlägen für ein resilientes Sicherheits-Ökosystem gilt es auch, auf eine Ausgewogenheit der Faktoren zu achten. Die „Pflicht" ist es sicher, sich auf die harten, eher technischen Faktoren zu konzentrieren und über die Verbreitung oberflächlicher Information die Einhaltung von Richtlinien einzufordern. Die „Kür" ist es jedoch, sich auch den weichen Faktoren zu widmen, die ein Unternehmen ausmachen. Dazu gehören vor allem seine individuelle Kultur, die geschäftsrelevanten Prozesse und die Unternehmensstrategie (Abb. 2.3).

Die Grundlagen: Kulturwandel begleiten, Kompetenzen vermitteln
Mit der Einführung eines Sicherheits-Ökosystems betreten Sie möglicherweise neues Terrain. Gewohnte Verhaltensweisen und unter Umständen auch die Art der

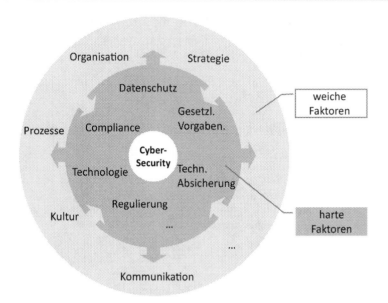

Abb. 2.3 Ein resilientes Sicherheits-Ökosystem beinhaltet „harte" und „weiche" Faktoren. (Eigene Darstellung)

Zusammenarbeit werden sich verändern. Dieses Vorhaben bedeutet einen Kulturwandel und sollte so eng und kollegial wie möglich vom Projektteam begleitet werden.

Wir haben daher ein paar grundlegende Regeln zusammengestellt, an denen Sie sich orientieren können, um die Veränderungen nachhaltig zu etablieren.

Golden Rules, um die Potenziale der Security-Transformation erfolgreich zu heben:

- Transparente und konsequente Aufklärung über die Ziele und den Weg/ Zeitplan der Veränderungen
- Kommunikation auf Augenhöhe – einfach und zugleich wertschätzend
- Maßnahmen und Begleitkommunikation mit hohem persönlichen und Praxisbezug (Als Antwort auf die Fragen: „Was hat das mit mir zu tun und was habe ICH davon, die Regeln zu befolgen?")

- Enge Einbindung von Mitarbeitern aus allen Bereichen des Unternehmens, um
  - ganzheitliche Lösungen zu entwickeln, aber auch
  - ggf. relevante Einzellösungen entwickeln zu können
- Positive Erlebnisse schaffen („Das geht jetzt viel einfacher und schneller als früher!")
- Feedbackkanäle und Austauschmöglichkeiten etablieren, um ggf. Ihre Maßnahmen nachjustieren zu können
- Befähigung der Mitarbeiter im Umgang mit den neuen Technologien

Sobald Sie eine Liste von Maßnahmen vorliegen haben, überprüfen Sie, inwiefern diese realisierbar sind und im Sinne der gesetzten Ziele sowie im Rahmen des realisierbaren Aufwandes sind. Sie können z. B. die Maßnahmenideen und den Input Ihrer Multiplikatoren in einer Matrix Ihren Handlungsfeldern und Zielgruppen zuordnen. Nur Ideen, die auf ein Handlungsfeld einzahlen, haben eine Chance auf Realisierung und werden in den Fahrplan für die Umsetzung aufgenommen (Tab. 2.1).

Tab. 2.1 Beispiel einer Maßnahmenmatrix für eine Awareness-Kampagne. Eigene Darstellung

Maßnahme	Schwerpunkt				Zielgruppe			Medium/ Kommunikationskanal
	Digitalisierung Arbeitsplatz	Steigerung Produktivität	Festigung Informationssicherheit	Übergeordnete Awareness	Anwender	Multiplikatoren	Management	
Kommunikation								
Managementinformation zu Status und weiterer Planung von Maßnahmen				x			x	Email und direkte Ansprache
Community-Treffen Multiplikatoren				x		x		Webkonferenz, Präsenzveranstaltung
Zufriedenheitsumfragen				x	x	x	x	Intranet
Ankündigung von Intranet-News und Veranstaltungen				x	x	x	x	Intranet
Cyber-Security-Newsletter	x	x	x		x	x		Intranet, Schwarzes Brett (analog/digital)
Intranet-Auftritt								
News und allgemeinen Informationen: Regelmäßige Veröffentlichung von zum Thema Cyber Security				x	x	x		Intranet-Blog
Blog: Regelmäßige Veröffentlichung von zum Thema Cyber-Security				x	x			Intranet, Schwarzes Brett (analog/digital)
Veranstaltungskalender				x	x			Intranet, Schwarzes Brett (analog/digital)
Schulungen	x	x						
Standardsoftware (versch. Stufen)	x	x			x	x	x	Präsenzveranstaltung, e-Learning
Zusatzsoftware für höhere Produktivität	x	x			x	x		Präsenzveranstaltung, e-Learning
IT-Sprechstunden	x	x			x			Telefonisch, Webkonferenz, Präsenzveranst.
Online-Schulungen Softskills (Compliance, Informationssicherheit etc.)	x	x			x			Intranet, e-Learningplattform
Digitaler Werkzeugkasten	x							
Einführung intelligenter Werkzeuge z.B. für den Heimarbeitsplatz inkl. Use Cases und Schulungsinformation für die Anwendung	x				x			Rollout über Softwareverteilung, Schulung und Information über Intranet und während Präsenzveranstaltung, insbes. Informationssicherheitstag
Informationssicherheitstag								Präsenzveranstaltung
Impulsvortrag externer Sprecher		x	x		x			Präsenzveranstaltung, ggf. Livestreaming
Lern- und Spielstände					x			Präsenzveranstaltung
Brown-Bag-Sessions			x		x			Präsenzveranstaltung, ggf. Livestreaming
Preisausschreiben					x			Präsenzveranstaltung, Intranet

2.4   Maßnahmen umsetzen und Prozesse verankern

Für die Art und Weise, wie die geplanten Maßnahmen umgesetzt werden, gibt es keine festgeschriebenen Regeln. Wie bereits oben gesagt: Ob Sie nun eine klassische Projektorganisation ins Leben rufen oder einen agilen Ansatz wählen, ist auch stark davon abhängig, welche Vorgehensweise in Ihrem Unternehmen bereits etabliert ist. Nutzen Sie das vorhandene Modell, um Reibungsverluste beim Erlernen eines neuen Vorgehens zu vermeiden.

Vergessen Sie bitte nicht, überschaubare und erreichbare Meilensteine zu definieren und zu kommunizieren. Cyber-Security muss Schritt für Schritt im Unternehmen verankert werden, kurzfristige und kurzsichtige Aktivitäten ohne nachhaltige Verfestigung sind eher schädlich als nützlich.

Für die Errichtung eines resilienten Sicherheits-Ökosystems bedarf es Ausdauer und einer Kontinuität, sodass Cyber-Security zum selbstverständlichen Teil der Unternehmens-DNA wird.

Eine Awareness-Kampagne ist am besten geeignet, um in mehreren Intervallen das nächsthöhere Niveau, den nächsten Reifegrat der Cyber-Security zu erreichen. Für Ihr Gesamtvorhaben bedeutet die Durchführung einer solchen Kampagne eine zusätzliche Steigerung der Effizienz (Abb. 2.4).

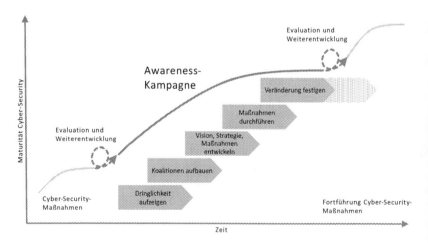

Abb. 2.4 Aufbau einer nachhaltigen Cyber-Security durch stetige Verbesserung mithilfe einer Awareness-Kampagne. (Eigene Darstellung)

Abb. 2.5 Beispiel Meilensteinplan zur Umsetzung der Awareness-Kampagne. (Eigene Darstellung)

Im Rahmen von der Nachhaltigkeit darf die Phase der Verankerung des Erreichten nicht unterschätzt werden. Diese Phase der Verankerung bildet den Abschluss eines jeden Awareness-Projektes. Wird sie vernachlässigt, war der vorausgehende Aufwand vergebens. Für die dauerhafte wirksame Cyber-Security muss die Aufmerksamkeit für das Thema erhalten werden, ohne eine Ermüdung eintreten zu lassen.

Im vorangegangenen Schritt haben Sie eine Liste von Maßnahmen identifiziert, die auf Ihre Ziele einzahlen und die umgesetzt werden sollen. Nun geht es an die zeitliche Planung und die sinnvolle Reihenfolge (Abb. 2.5).

Projekt mit Tiefenwirkung: die Awareness-Kampagne
Zunächst ein paar Worte zum Begriff „Awareness", der sich in der Informationssicherheitsszene fest etabliert hat. Die aktive Förderung von Awareness geht in dem konkreten Zusammenhang über das reine Bewusstmachen eines Risikos oder einer Bedrohung hinaus. Das Wissen um eine Problemstellung bietet nicht zwangsläufig die Möglichkeit, diese auch bewältigen zu können. Dafür bedarf es auch der Absicht, z. B. sich regel- und sicherheitskonform zu verhalten sowie der richtigen Rahmenbedingungen. Das Unternehmen hat eine gewisse Fürsorgepflicht, die Einhaltung von Regeln möglich zu machen und Mitarbeiter mit dem Wissen auszustatten, zur Cyber-Resilienz insgesamt beizutragen [9].

> **Praxistipp**
> Durch die Formulierung von Kampagnenbotschaften schaffen Sie einen eigenen kommunikativen Rahmen und Leitplanken, an denen sich das

gesamte Projektteam immer wieder vor Augen halten kann, welche die unterliegenden Visionen und Ziele der Aktivitäten sind. Falls nötig, kann man die Detailbotschaften anhand der Kampagnenbotschaften überprüfen: Sind wir auf dem richtigen Weg? Zahlt dieses Detail auf unsere größeren Botschaften ein?

Beispiel:

* Neue Technologien sind unsere ständigen Begleiter und eine Investition in die Zukunft
* Digitale Transformation geht uns alle an und stärkt unsere Wettbewerbsfähigkeit
* Technologie ist kein Buch mit sieben Siegeln[3].

Sichern Sie Ihrer Kampagne die uneingeschränkte Unterstützung des Managements

Bevor Sie in die Detailplanung und Umsetzung Ihrer Awareness-Kampagne gehen, sollte unmissverständlich klar sein, dass das Management unverrückbar hinter den Botschaften und dem Projektteam steht. Man kann, wie bei jedem Projekt, davon ausgehen, dass Hindernisse auf dem Weg zum Ziel auftauchen oder es gilt, Widerstände zu überbrücken. Es ist dann umso wichtiger, sich auf die Unterstützung des Managements verlassen zu können. Auch die Vorbildfunktion spielt eine wichtige Rolle. Wenn es das Unternehmen wirklich ernst meint, wieso sollte dann die Chefetage von der Einhaltung von Regeln ausgenommen sein?

Ein weiterer, eher kultureller Aspekt kommt hier zum Tragen: Indem vom Management klare Verhaltens- und Toleranzregeln kommuniziert werden, gibt es einen transparenten Handlungsrahmen. Beispiel: Ein Unternehmen verbietet die Nutzung des Firmen-WLAN für private Zwecke aus Sicherheitsgründen. Ob dies ein gutes oder schlechtes Vorgehen ist, mag an anderer Stelle diskutiert werden. Die neue Regelung wird in einem Newsletter bekanntgegeben, eine Konsequenz für Nichteinhaltung der Regel wird nicht erwähnt. Nach einer spontanen Stichprobe der WLAN-Nutzung stellt sich heraus, dass drei Mitarbeiter das WLAN noch immer mit ihren privaten Geräten nutzen. Die Folge ist jeweils eine Abmahnung auf Initiative des Vorgesetzten und die Androhung einer Kündigung im Wiederholungs-

---

[3]Kampagnenbotschaften der Awareness-Kampagne „WATCH IT" von IWC Schaffhausen.

fall. Wirksamer als eine unvermittelte Abmahnung wäre es, wenn die Führungskräfte vorab auf das gewünschte Verhalten aufmerksam machen und sich aktiv an
der Vermittlung des Wissens beteiligen, warum die Einhaltung der Regel zum Vorteil sowohl der Mitarbeiter als auch des Unternehmens ist.

Praxistipp
Schulen Sie Ihre Führungskräfte im Vorlauf einer Awareness-Kampagne.
Diskutieren Sie z. B. die Strategie beim Verstoß gegen Richtlinien.
Ermächtigen Sie Ihr Management aber auch durch die Vermittlung von
Wissen, auf Nachfragen oder Unklarheiten reagieren zu können. Etablieren
Sie auch hier einen Feedback- oder Hilfekanal. Nicht alle Fragen werden
Manager und Teamleiter ad hoc selbst beantworten können. Für solche
Fälle sollte es kompetente Ansprechpartner geben, die ggf. auch zu einer
Brown-Bag- oder Team-Fragerunde eingeladen werden können. Neben
persönlichen Treffen können begleitend auch E-Learnings angeboten
werden oder regelmäßige Webkonferenzen mit aktuellen Themen.

Integrieren Sie Kunden, Lieferanten und externe Mitarbeiter
Zu dem verantwortungsvollen Umgang mit Informationen und Daten gehört
ebenso selbstverständlich der sichere Umgang mit Kunden- und Lieferantendaten.
In Zeiten der Digitalisierung von Geschäftsprozessen und verteiltem Arbeiten
ist es notwendig, diese externen Akteure zu betrachten. Darüber hinaus kann es
auch einen Wettbewerbsvorteil bedeuten, wenn Sie Ihren Kunden und Lieferanten
signalisieren, dass Sie auch mit dem Eigentum Fremder (z. B. Rechnungs- oder
Kundendaten) sorgsam umgehen.

Für einige Aufgabenbereiche ist es üblich, externe Spezialisten zu beauftragen,
die für einen bestimmten Zeitraum (z. B. im Rahmen eines Projektes) oder auch
dauerhaft Ihre Dienstleistungen erbringen. Auch für diese externen Dienstleister
sollten sinnvolle und praktikable Sicherheitsmaßnahmen gelten, insbesondere,
wenn sie Zugriff auf sensible Informationen haben.

Klären Sie auch unternehmensexterne dritte Parteien aktiv auf, welche
Richtlinien Ihr Unternehmen etabliert hat und welche Verhaltensweisen und
Bedingungen Geltung finden. Dies kann sowohl im persönlichen Gespräch als
auch über E-Learning vor Eintritt eines Vertragsverhältnisses stattfinden. Kunden
wie Lieferanten können ebenfalls persönlich, z. B. über Vertriebskontakte, per
Unternehmensnachrichten, Newsletter oder auch Ihre Webseite informiert werden.

Regeln und Richtlinien sind besser als ungeschriebene Gesetze

Wenn Ihr Unternehmen noch ganz am Anfang steht, eine Cyber-Security-Resilienz aufzubauen, dann fehlt ein wichtiger Baustein: die Grundlagen und Regeln, mit denen Sie zukünftig die „Kronjuwelen" Ihres Unternehmens schützen wollen, sind nicht bekannt oder sollen deutlich ausgebaut werden. Dass sie nicht bekannt sind, bedeutet nicht gleichzeitig, dass sie nicht existieren. In den meisten Unternehmen sind die Regeln z. B. zur privaten Nutzung von E-Mails oder Internet Teil des Arbeitsvertrages oder einer Betriebsvereinbarung. Häufig ist jedoch nicht ganz klar, was dies nun im Einzelnen bedeutet. Darf man niemals privat im Internet surfen oder ganz ausnahmsweise doch? Darf man lediglich keine privaten E-Mails über den Firmenaccount senden oder auch nicht über die Weboberfläche?

Richtlinien sind mehr als ein wirksames Kommunikationsmittel, um die Regeln für alle transparent zu machen. Sie sind die Richtschnur, an der man sich für die Sensibilisierung der Mitarbeiter orientieren kann.

Praxistipp

- Halten Sie die Richtlinien stets aktuell mit Datum, Versionsinformation, Ansprechpartnern.
- Ergänzen Sie die Information, warum man sich für diese Art der Richtlinie entschieden hat und was dies bedeutet (Vorteile und Mehrwert der Einhaltung ebenso wie die Konsequenzen der Nichteinhaltung). Stellen Sie die Bedeutung für die Mitarbeiter in den Mittelpunkt.
- Informieren Sie, wo die Dokumente zu finden sind (elektronisch, ggf. auch als Ausdrucke oder Broschüren).
- Sollten sich Regeln ändern, weisen Sie z. B. im Rahmen der Awareness-Kampagne darauf hin. Warum gilt heute nicht mehr, was gestern war?
- Sollten Sie eine Zertifizierung anstreben, z. B. nach dem IT-Grundschutz, sollten Sie von Anfang an die notwendigen Formate, Aufbewahrungsregeln etc. einhalten. Das spart im zweiten Schritt viel Arbeit.

Wie „funktioniert" Awareness?

Bereits im Jahr 2009 definiert Michael Helisch [10] Security Awareness als „Zusammenspiel von Wissen, Können und Wollen". Diese drei Faktoren im ausreichenden Maße zu berücksichtigen und beeinflussen ist erheblich für den Erfolg einer Awareness-Kampagne. Wie bereits oben beschrieben, sind die Ausgangspositionen und der Reifegrad jeder Organisation unterschiedlich. In jedem Fall

gilt es, den (Unternehmens-)kulturellen Rahmen zu schaffen, in dem Awareness
gedeihen kann. Mitarbeiter sollten in die Lage versetzt werden:

1. Wissen zu erwerben,
2. adäquates Handeln daraus abzuleiten und
3. den Wunsch zu entwickeln, angemessen, d. h. sicherheitskonform zu handeln.

Es ist Ihre Aufgabe als Führungskraft, die entsprechende Kultur im Unternehmen
zu schaffen oder mit zu gestalten. Wenn Mitarbeiter wissen, dass sie mit allen
ihren Fähigkeiten, Eigenschaften und Aktivitäten Teil eines größeren Ganzen
sind, wächst die Bereitschaft Verantwortung für das eigene Handeln zu über-
nehmen. Ebenso ist es jedoch wichtig zu erfahren, nicht nur zu hören, dass der
Arbeitgeber ebenfalls Verantwortung übernimmt, also Trainings anbietet, auf
Fragen antwortet, angemessen auf Fehlverhalten reagiert, richtiges Verhalten
belohnt, in Sicherheit und Aufklärung investiert.

Praxistipp
Ihre Mitarbeiter haben im privaten Umfeld unter Umständen auch
Interesse, ihre Sicherheit zu erhöhen. Bieten Sie doch einen kostenlosen
Service an, z. B. im Rahmen eines Informationssicherheitstages. Ihre Mitarbeiter können während einer Sprechstunde einen Sicherheitscheck an
ihren privaten Geräten durchführen lassen: Ist mein Laptop mit einem
Virus infiziert? Wo kann ich die Firewall in meinem neuen Betriebssystem
aktivieren? Wie mache ich mein Smartphone kindersicher? Der hohe persönliche Bezug und die Bemühung des Arbeitgebers, die Mitarbeiter auch im
privaten Bereich zu schützen, drückt eine echte Wertschätzung aus. Wenn
Sie es ernst meinen mit dem resilienten Sicherheits-Ökosystem, ist eine
solche Maßnahme eine gute Gelegenheit, dies auch unter Beweis zu stellen.

Was bedeutet das nun konkret für die Ziele Ihrer Awareness-Kampagne? Sie haben
evtl. bereits im Rahmen von Regeltätigkeiten nach und nach eine Grundlage für
die Cyber-Security geschaffen (Richtlinien, Arbeitsanweisungen, Compliance-
Schulungen). Oder Sie planen ein größeres, evtl. mehrstufiges Projekt, um die notwendigen Maßnahmen zu ergreifen. Mit einer konzertierten Awareness-Kampagne
haben Sie die Möglichkeit, die größeren Zusammenhänge aufzuzeigen und zu
erklären. Entsprechend der o.g. drei Kernfaktoren sollen die Mitarbeiter in die

Selbstständigkeit geführt werden, Ihren Anteil an der Sicherheit des eigenen
Unternehmens kennen und akzeptieren und mündig mit Gefahren umgehen.
Ziehen Sie für Ihre Awareness-Kampagnen alle Register, nutzen Sie alle
Kommunikations-und Lernkanäle, die Ihnen zur Verfügung stehen. Das bedeutet
natürlich nicht, dass sie alle Kanäle gleichzeitig nutzen müssen, aber ein Medien-
mix ist aus diversen Gründen sinnvoll:

- Menschen lernen unterschiedlich. Ein Lerntyp reagiert besser auf visuelle
  Reize (Bilder, Videos etc.), andere Menschen möchten gerne Details noch ein-
  mal nachlesen.
- Menschen haben unterschiedliche Erfahrungen und Erlebnisse, an die
  angeknüpft werden kann. In Ihrem Unternehmen arbeiten Menschen, die sich
  stark unterscheiden nach Alter, Tätigkeit, Bildungshintergrund, kulturellem
  Hintergrund, Sprache etc. Machen Sie diesen Menschen ein kommunikatives
  Angebot, an das sie anknüpfen können. Sprechen Sie mit Ihnen in einer
  Sprache und mit Medien, die ihnen leicht zugänglich sind.
- Neue Wege erregen Aufmerksamkeit und bleiben im Gedächtnis. Probieren
  Sie daher auch einmal etwas Ungewöhnliches aus, wie z. B. einen
  spielerischen Ansatz (Edutainment, Gamification), der einen emotionalen
  Zugang zum Thema Cyber-Security ermöglicht.

Wichtig für die Wahl der Kommunikations- und Lernformate ist, dass sich die
Inhalte zielgruppengerecht aufbereiten lassen. Nicht jede Ihrer Zielgruppen
benötigt alle Informationen oder in der gleichen Detailtiefe. Während die einen
u. U. lediglich drei konkrete Anweisungen kennen und befolgen müssen, braucht
eine andere Gruppe von Mitarbeitern eine breite Aufklärungskampagne und
intensives Training. Lassen Sie bei der Wahl der Kommunikationskanäle, aber
auch der Inhalte Augenmaß walten und überfordern Sie die Organisation nicht.
Eine kleine Auswahl möglicher Formate für Ihre Awareness-Kampagne:

• Intranet (Blog, Artikel, Diskussionsforen)	• Live-Hacking-Event
• Präsenzschulung	• E-Mail
• E-Learning	• Plakate
• Quiz	• Give-Aways
• Mitarbeitermagazin	• Abteilungsmeetings als Awareness –
• Brown Bag Sessions	Infotreffen
• Video	• Infoscreens
• Podcast	• Präsenzworkshops
	• IT-Security-Tag

Grundsätzlich gilt: je stärker die emotionale Ansprache und der erkennbare persönliche Mehrwert, umso erfolgreicher ist die Vermittlung der Inhalte und die Fähigkeit sowie Bereitschaft das Gelernte anzuwenden.

2.5 Ergebnisse überwachen und optimieren

An dieser Stelle gehen wir einmal zurück an den Anfang. Erinnern Sie sich an Schritt 2 unseres Leitfadens „Maturität & Delta erheben"? Dort haben Sie sich selbst für die übergeordnete Cyber-Security die Fragen gestellt „Wie weit sind wir von dem Ziel entfernt, das wir erreichen müssen oder wollen? Wie groß ist das zu lösende Problem wirklich?" Im letzten Schritt nun, also nach Durchführung von Maßnahmen und ggf. einer Awareness-Kampagne, können sie die Wirkung bzw. den Erfolg Ihrer Aktivitäten messen.

Es gibt zahlreiche Möglichkeiten Kennzahlen aus technischer Sicht zu definieren und zu erheben [11]. Das ist sicherlich auch sinnvoll, um eine realistische Einschätzung zu erhalten, ob die angenommene Bedrohungslage und das abgeleitete Risiko realistisch sind. Beispiel: Wurden Phishing-E-Mails in das Unternehmensnetzwerk gesendet (Wie häufig geschieht das und woher kommen sie?) und wurden diese durch technische Sicherheitsmaßnahmen von Ihren Mitarbeitern ferngehalten? In der Folge sollte Sie aber auch interessieren, wie Ihr Unternehmen sozial und kulturell auf diese Ereignisse reagiert hat [11]. Ob also z. B. auch Phishing-Attacken nach der Durchführung einer Awareness-Kampagne selbstständig von Mitarbeitern erkannt, den Richtlinien entsprechend behandelt und an die richtige Stelle gemeldet wurden. Wie viele und welche Kennzahlen oder Informationen Sie erheben, ist also stark davon abhängig, welches Ziel Sie erreichen möchten. Der Aufwand zur Erhebung dieser Daten sollte im Verhältnis zu diesem Ziel stehen. Sie möchten wissen, ob das Richtige getan wird und sich die ergriffenen Maßnahmen auszahlen. Die regelmäßige Kontrolle der Ergebnisse ermöglicht, die jeweils aktuelle Situation zu spiegeln. Haben sich evtl. Anforderungen geändert? Können Sie und Ihr Kernteam etwas besser machen und aus Fehlern lernen? [12].

Auch für Ihre Awareness-Kampagne sollten Sie sich in jedem Fall vor Beginn fragen, welche Ziele erreicht werden sollen und wie deren Erfüllungsgrad gemessen werden kann. Beispiele: X % aller Mitarbeiter sollten die Compliance-Schulung absolviert haben. Y % Sicherheitsvorfälle verursacht durch menschliches Verhalten nach Abschluss der Kampagne. Z % Teilnahme am Informationssicherheits-Tag [13].

Praxistipp

- Messen um des Messens willen kostet Zeit und Ressourcen. Halten Sie den Umfang für die Überwachung von Fortschritten oder Errungenschaften daher in einem vernünftigen Rahmen.
- Stellen Sie die Aktivitäten regelmäßig auf den Prüfstand. Eine Kennziffer, die sich nie ändert muss, nicht zwangsläufig ein gutes Zeichen sein. Unter Umständen misst sie gar nichts oder bringt keine weiterführenden Erkenntnisse.
- Erkenntnisse, die nicht in eine Handlung münden, sind nicht sinnvoll. Teilen Sie die Erkenntnisse mit allen Beteiligten und regen Sie offen zu konstruktiven Vorschlägen zur Verbesserung oder Veränderung an.
- Bei der Verwendung von Kennzahlen gilt:
  - Ihr Erfüllungsgrad muss gemessen werden können (Beispiel: X von y Punkten erreicht).
  - Die Messgrößen sollten standardisiert sein (die Art der Erhebung und Zählung sollte z. B. dauerhaft die gleiche sein und Änderungen kommuniziert und erklärt werden).
  - Die Werte und abgeleiteten Annahmen sollten Relevanz für die Strategie Ihres Unternehmens und dessen Sicherheits-Ökosystem haben (Beispiel: Die Anzahl und Dauer der Betriebsunterbrechungen nach einem Cyber-Security-Vorfall sowie deren Folgekosten.).[14]

Als Evaluationsmethoden stehen Ihnen unterschiedliche Werkzeuge zur Verfügung. Neben rein technischer Messung durch die IT-Werkzeuge gehören dazu ebenso anonyme Befragungen (digital oder analog), aber auch persönliche Interviews und Gespräche.

Literatur

1. Bundesamt für Sicherheit in der Informationstechnik: Kritische Infrastrukturen. https://www.bsi.bund.de/DE/Themen/KRITIS/kritis_node.html. Zugegriffen: 23.07.2020.
2. Bundesamt für Sicherheit in der Informationstechnik (Hrsg.) (2017): Leitfaden zur Basis-Absicherung nach IT-Grundschutz. In drei Schritten zur Informationssicherheit. Bonn. https://www.bsi.bund.de/SharedDocs/Downloads/DE/BSI/Publikationen/Broschueren/Leitfaden_zur_Basis-Absicherung.pdf. Zugegriffen: 23.07.2020.

3. VdS Schadenverhütung GmbH (Hrsg.) (2018): Informationssicherheitsmanagement-system für kleine und mittlere Unternehmen (KMU). Anforderungen. Köln. https://service.vds.de/fileadmin/vds_publikationen/vds_10000_web.pdf. Zugegriffen: 23.07.2020.

4. Hofmann, M., Hofmann, A. (2017): ISMS-Tools zur Unterstützung eines nativen ISMS gemäß ISO 27001. In: Eibl, M. & Gaedke, M. (Hrsg.), INFORMATIK 2017. Gesellschaft für Informatik. Bonn. https://dl.gi.de/bitstream/handle/20.500.12116/3928/B21-2.pdf?sequence=1&isAllowed=y. Zugegriffen: 23.07.2020. S. 1617–1629.

5. Bundesamt für Sicherheit in der Informationstechnik: Alternative IT-Grundschutz-Tools. https://www.bsi.bund.de/DE/Themen/ITGrundschutz/GSTOOL/AndereTools/anderetools_node.html. Zugegriffen: 23.07.2020.

6. Hilfreich sind auch die „Checklisten zum IT-Grundschutz-Kompendium" des Bundesamt für Sicherheit in der Informationstechnik, Download unter https://www.bsi.bund.de/SharedDocs/Downloads/DE/BSI/Grundschutz/Kompendium/checklisten_2019.html. Zugegriffen: 23.07.2020.

7. Bundesamt für Sicherheit in der Informationstechnik (2018): Beschreibung des Beispielunternehmens RECPLAST GmbH. Eine Ergänzung zum Online-Kurs IT-Grundschutz. https://www.bsi.bund.de/SharedDocs/Downloads/DE/BSI/Grundschutz/Webkurs/Recplast_Onlinekurs2018.pdf?__blob=publicationFile&v=7. Version 1.0 vom 07.08.2019, Bonn. Zugegriffen: 23.07.2020.

8. Spitzner, L. et al (2019): 2019 SANS Security Awareness Report. The Rising Era of Awareness Training. SANS Institute. Ohne Ort. https://www.sans.org/security-awareness-training/reports/2019-security-awareness-report, S. 7. Zugegriffen: 23.07.2020.

9. Helisch, M., Pokoyski, D. (2009): Security Awareness. Neue Wege zur erfolgreichen Mitarbeiter-Sensibilisierung. Vieweg+Teubner, GWV Fachverlage GmbH, Wiesbaden.

10. Helisch, M., Pokoyski, D. (2009): Security Awareness. Neue Wege zur erfolgreichen Mitarbeiter-Sensibilisierung. Vieweg+Teubner, GWV Fachverlage GmbH, Wiesbaden. S. 11.

11. Snyder, D. et al (2020): Measuring Cybersecurity and Cyber Resiliency. RAND Corporation, Santa Monica, California (Hrsg.). https://www.rand.org/content/dam/rand/pubs/research_reports/RR2700/RR2703/RAND_RR2703.pdf. Zugegriffen: 23.07.2020.

12. Bundesamt für Sicherheit in der Informationstechnik (Hrsg.) (2017): BSI-Standard 200–1. Managementsysteme für Informationssicherheit (ISMS). https://www.bsi.bund.de/SharedDocs/Downloads/DE/BSI/Grundschutz/Kompendium/standard_200_1.pdf. Zugegriffen: 23.07.2020. S. 24 ff.

13. Helisch, M., Pokoyski, D. (2009): Security Awareness. Neue Wege zur erfolgreichen Mitarbeiter-Sensibilisierung. Vieweg+Teubner, GWV Fachverlage GmbH, Wiesbaden, S. 115 ff.

14. Dazu auch interessant als Lektüre: CISCO (Hrsg.) (2020): Sicherheit jetzt und in der Zukunft. 20 Überlegungen zur Cybersicherheit für 2020. Cisco Reihe zur Cybersicherheit 2020, CISO Benchmark-Studie. Ohne Ort. S. 5ff.

Zusammenfassung und Ausblick 3

Einen gemeinsamen Erfahrungshorizont schaffen mit der richtigen Kommunikation

Bei der Errichtung Ihres Sicherheits-Ökosystems geht es, wie in den vorangegangenen Kapiteln beschrieben, um viel mehr als um die reine Vermittlung von Information und Wissen.

Bei der Schärfung des Bewusstseins um die Risiken im Umgang mit Informationen und Technologie ist es aus kommunikativer Sicht von besonderer Bedeutung, Mitarbeitern zu ermöglichen, über das pure Einhalten von Richtlinien hinaus, auch die Einsicht in Konsequenzen und konkretes Verhalten selbst ableiten zu können: Was darf ich, was darf ich nicht? Warum? Welche Konsequenzen hat mein Verhalten?

Man muss also den Erfahrungshorizont der Angesprochenen berücksichtigen und sowohl Sprache als auch Kanäle so wählen, dass sich Mitarbeiter auf allen Ebenen und in allen Unternehmensbereichen angesprochen fühlen und verstehen. Diesen gemeinsamen Erfahrungshorizont kann man durch die richtige Kommunikation gezielt erarbeiten und erweitern. Oder anders ausgedrückt: es müssen Brücken gebaut werden zwischen verschiedenen, spezialisierten Fachbereichen. Die richtige Kommunikation ist dafür ein relevanter Wegbereiter.

Aus diesem Grund ist es wichtig, dass z. B. Cyber-Security-Verantwortliche netzwerken und sich regelmäßig mit Nicht-Spezialisten austauschen. Mit dem Aufbau eines übergreifenden Multiplikatoren-Netzwerkes beispielsweise kann Wissen und Kontakte in anderen Unternehmensbereichen gezielt etabliert und gepflegt werden. Dieser Austausch schließt explizit das gehobene und mittlere Management ein, da zum einen somit deutlich wird, dass diese das Vorhaben wichtig finden und aktiv unterstützen und zum anderen auch in Managementetagen Wissen aufgebaut werden sollte. Veranstalten Sie doch beispielsweise

© Der/die Autor(en), exklusiv lizenziert durch Springer Fachmedien Wiesbaden GmbH, ein Teil von Springer Nature 2020
S. Maier und S. Aengenheyster, *Geschäftsrisiko Cyber-Security*, essentials,
https://doi.org/10.1007/978-3-658-32046-1_3

regelmäßig sogenannte Brown-Bag-Sessions. Dieses lockere Veranstaltungs-
format beschreibt informelle Treffen, zu denen jeder sein eigenes Frühstück
oder Mittagessen mitbringt (in „brown bags", den braunen Papiertüten von Take-
Away-Services). Diese Treffen können Sie sogar als virtuelle Zusammenkünfte
gestalten, sodass auch die Teilnahme aus dem Homeoffice möglich ist.
   Mögliche Inhalte sind:

- Impulsvorträge von externen oder internen Gastrednern
- Brainstormings für neue Formate
- Austausch über vergangene oder geplante Maßnahmen
- Frage- oder Feedbackrunden

**Gute und wertschätzende Kommunikation: der Dreh- und Angelpunkt für
nachhaltige Veränderung**
Ein ganz wesentlicher Erfolgsfaktor für eine „gute" Kommunikation liegt in
der Art und Weise, wie die gesendeten Botschaften in Beziehung zu den sie
begleitenden Handlungen stehen. Authentizität ist das Stichwort, denn für eine
glaubwürdige und überzeugende Vermittlung von kommunikativen Inhalten
müssen die Personen, die diese Inhalte vermitteln, in Einklang mit diesen stehen.
   Beispiel: Im Nachgang zu einer Awareness-Kampagne gibt das Management
oder die IT-Abteilung per Mail und ggf. auch per Brief bekannt: „Verstöße gegen
die neuen Richtlinien werden personalrechtliche Konsequenzen haben. Die neue
Richtlinie finden Sie hier [Link ins Intranet]." Die Botschaft ist sachlich vermut-
lich richtig, die Tonalität ist jedoch ausschließlich negativ und auf Bestrafung
ausgerichtet. Sie fördert Angst und erzeugt keinesfalls den Willen, selbstbestimmt
und zum Wohle aller zu handeln.

„Wörter, leer wie der Wind, bleiben besser ungesagt." *Homer.*

Ein weiterer Aspekt der Kommunikation: sie sollte die Verhältnismäßigkeit der
Bedrohungslage reflektieren.
   Sollten Sie beispielsweise einen großen Anteil an Produktionsmitarbeitern
beschäftigen, die keinen Zugang zu einem eigenen Computerarbeitsplatz im
Unternehmen haben, erfordert dies eher eine Schulung in der vermittelt wird, dass

- Firmenunterlagen nicht zum Zwecke des Selbststudiums an die private
  Emailadresse geleitet werden dürfen,
- sich der Nutzer nach Benutzen des von mehreren Kollegen verwendeten
  Computerterminals am Ende der Schicht abmeldet,
- Produktionsunterlagen nicht das Firmengelände verlassen dürfen etc.

Anders sieht eine Schulung aus für Mitarbeiter der Personal- oder Finanz-abteilung, die Zugang zu sensiblen Daten haben und ggf. anfälliger sind für Phishing-Attacken.

Sie wollen vor allem erreichen, dass die Mitarbeiter die verschiedenen Risiken sowie deren geschäftliche und persönliche Konsequenzen verstehen. Setzen Sie sich daher gewissenhaft mit den zu sendenden Botschaften auseinander und formulieren Sie sie den jeweiligen Zielgruppen und Ihrer Unternehmenskultur entsprechend. Setzen Sie dabei nichts als selbstverständlich voraus, sondern kommunizieren Sie unmissverständlich und authentisch.

Praxistipp

- Führen Sie Fachbegriffe mit einfachen und praktischen Erklärungen ein. Sie nehmen so die Angst vor dem Unbekannten und können auf den einmal erreichten Wissensstand aufbauen.
- Das Gleiche gilt für Abkürzungen, insbesondere in der schriftlichen Kommunikation. Dabei sind alle Arten von Abkürzungen gemeint, die innerhalb des Unternehmens, in Fachbereichen oder auch mit Dienstleistern „im Innenverhältnis" genutzt werden.
- Sollten Sie z. B. mit Ihrer Awareness-Kampagne ein Logo, eine Wortmarke oder gar ein Maskottchen verbinden wollen, denken Sie bitte gründlich über die Wort- und Bildwahl nach. Sind kulturelle, soziale oder sprachliche Missverständnisse ausgeschlossen?
- Gemeinsame Sprache schützt vor Missverständnissen nicht. Immer noch hat sich bei vielen nicht herumgesprochen, dass ein Handy auf Englisch ein mobile (device) ist. Auch bei der Verwendung von Sprichworten ist Vorsicht geboten. Idiome und sprachliche Bilder sind nicht oder selten international verständlich.

Verhältnismäßigkeit in der Kommunikation bedeutet aber auch, die richtige Menge und Frequenz an Information zu senden. Einerseits sollen die Adressaten nicht ermüden, indem beispielsweise jeden Monat ein Pflichttermin stattfindet oder sich die Inhalte stets wiederholen. Andererseits gilt es auch, die Wachsamkeit dem Thema gegenüber aufrecht zu erhalten. Hier haben sich zwei Aspekte als hilfreich erwiesen: 1) Je persönlicher relevant das Thema, umso größer das Interesse und der Wille, sich mit Neuerungen oder auch Regeln auseinanderzusetzen. 2) Weniger ist mehr und leichter zu verarbeiten. Wenn Sie einen Unternehmensblog betreiben, lassen sich z. B. in vielen – auch unternehmensinternen – Nachrichten die Cyber-relevanten Themen unterbringen. Der Spannungsbogen wird somit aufrechterhalten und gleichzeitig ist es jeweils an einem konkreten Inhalt möglich, Mitarbeiter darüber aufzuklären, warum Cybersicherheit für sie und das Unternehmen relevant ist.

Kommunikation und Veränderungsmanagement
Veränderungen herbeizuführen ist kein einfaches Unterfangen, denn das Beharrungsbedürfnis des Menschen ist normalerweise groß. Um eine Veränderung wirksam zu gestalten, wurden viele Rahmenwerke geschaffen, auf die wir hier nicht im Einzelnen eingehen möchten. Allen Change-Management-Ansätzen gemeinsam ist, dass einer der Schlüsselfaktoren eine begleitende Kommunikation ist. Die Angesprochenen müssen verstehen, warum die Veränderung ein Vorteil sein wird. Die Dringlichkeit sollte klar aufgezeigt und der geplante Weg zu einem Ziel transparent gemacht werden. Eine Organisation verzeiht sogar, wenn sie keinen zu 100 % ausgearbeiteten Weg schildern können. Wichtig sind die Leitplanken (Strategie, Vision, Werte), die diesen Weg begrenzen und den Handlungsrahmen abstecken. Angelehnt an das 8-Stufen-Modell von John P. Kotter sehen wir es am Beginn einer Awareness-Kampagne (als einem Element zum Aufbau des Sicherheits-Ökosystem) als notwendig an, jeweils die Dringlichkeit des Vorhabens aufzuzeigen. Dies ist bei jeder Weiter- und Höherentwickelung der Maturität Ihrer Cyber-Security notwendig und muss entsprechend angepasst werden (Abb. 3.1).

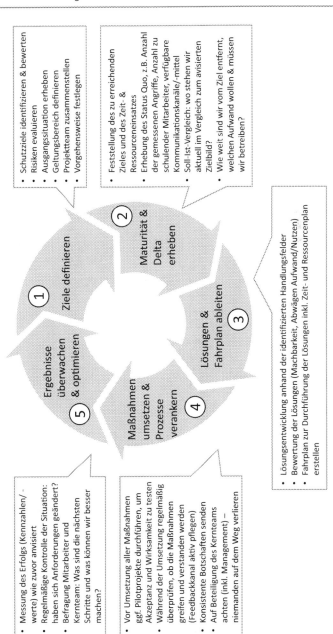

- Schutzziele identifizieren & bewerten
- Risiken evaluieren
- Ausgangssituation erheben
- Geltungsbereich definieren
- Projektteam zusammenstellen
- Vorgehensweise festlegen

- Feststellung des zu erreichenden Zieles und des Zeit- & Ressourceneinsatzes
- Erhebung des Status Quo, z. B. Anzahl der gemessenen Angriffe, Anzahl zu schulender Mitarbeiter, verfügbare Kommunikationskanäle/-mittel
- Soll-Ist-Vergleich: wo stehen wir aktuell im Vergleich zum avisierten Zielbild?
- Wie weit sind wir vom Ziel entfernt, welchen Aufwand wollen & müssen wir betreiben?

① Ziele definieren

② Maturität & Delta erheben

③ Lösungen & Fahrplan ableiten

④ Maßnahmen umsetzen & Prozesse verankern

⑤ Ergebnisse überwachen & optimieren

- Lösungsentwicklung anhand der identifizierten Handlungsfelder
- Bewertung der Lösungen (Machbarkeit, Abwägen Aufwand/Nutzen)
- Fahrplan zur Durchführung der Lösungen inkl. Zeit- und Ressourcenplan erstellen

- Messung des Erfolgs (Kennzahlen/-werte) wie zuvor anvisiert
- Regelmäßige Kontrolle der Situation: haben sich Anforderungen geändert?
- Befragung Mitarbeiter und Kernteam: Was sind die nächsten Schritte und was können wir besser machen?

- Vor Umsetzung aller Maßnahmen ggf. Pilotprojekte durchführen, um Akzeptanz und Wirksamkeit zu testen
- Während der Umsetzung regelmäßig überprüfen, ob die Maßnahmen greifen und verstanden werden (Feedbackkanal aktiv pflegen)
- Konsistente Botschaften senden
- Auf Beteiligung des Kernteams achten (inkl. Management) – niemanden auf dem Weg verlieren

Abb. 3.1 5 Schritte auf dem Weg zum resilienten Cyber-Security-Ökosystem. Eigene Darstellung

Was Sie aus diesem *essential* mitnehmen können

- Die wesentlichen Elemente für ein resilientes Sicherheits-Ökosystem in Ihrem Unternehmen sind ein Dreiklang aus Technologie, Organisation und Kommunikation bzw. Change Management.
- Die Verstärkung der Resilienz macht Ihre Organisation flexibler und widerstandsfähiger.
- Eine Organisation braucht Übung und Zeit, um Cyber-Security zu lernen.
- Gute und wertschätzende Kommunikation ist der Dreh- und Angelpunkt für nachhaltige Veränderung.
- Cyber-Security ist nicht nur, aber auch ein technisches Thema. Machen Sie Ihre Hausaufgaben und etablieren Sie die grundlegenden technischen Voraussetzungen für die Sicherheit Ihres Unternehmens.

© Der/die Herausgeber bzw. der/die Autor(en), exklusiv lizenziert durch Springer Fachmedien Wiesbaden GmbH, ein Teil von Springer Nature 2020
S. Maier und S. Aengenheyster, *Geschäftsrisiko Cyber-Security*, essentials,
https://doi.org/10.1007/978-3-658-32046-1

Literaturverzeichnis/„Zum Weiterlesen"

1. Bartsch, M., Frey, S. (2018): Cybersecurity Best Practices. Lösungen zur Erhöhung der Cyberresilienz für Unternehmen und Behörden. Springer Vieweg, Wiesbaden.
2. Helisch, M., Pokoyski, D. (2009): Security Awareness. Neue Wege zur erfolgreichen Mitarbeiter-Sensibilisierung. Vieweg+Teubner, GWV Fachverlage GmbH, Wiesbaden.
3. Heller, J. (Hrsg.) (2019): Resilienz für die VUCA-Welt. Individuelle und organisationale Resilienz entwickeln. Springer Fachmedien Wiesbaden GmbH, ein Teil von Springer Nature.
4. Hoffmann, G. P. (2016): Organisationale Resilienz. Grundlagen und Handlungsempfehlungen für Entscheidungsträger und Führungskräfte. Springer, Wiesbaden.
5. Karidi, M., Schneider, M. et al (Hrsg.) (2018): Resilienz. Interdisziplinäre Perspektiven zu Wandel und Transformation. Springer, Wiesbaden.
6. Müller, K-R. (2018): IT-Sicherheit mit System. Integratives IT-Sicherheits-, Kontinuitäts- und Risikomanagement – Sichere Anwendungen – Standards und Practices. Springer Vieweg, Wiesbaden.

© Der/die Herausgeber bzw. der/die Autor(en), exklusiv lizenziert durch Springer Fachmedien Wiesbaden GmbH, ein Teil von Springer Nature 2020
S. Maier und S. Aengenheyster, *Geschäftsrisiko Cyber-Security*, essentials,
https://doi.org/10.1007/978-3-658-32046-1

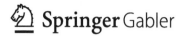

Printed in the United States
By Bookmasters